KB090865

Mobility Of 사물이동성 Things

DAVID 옥 지음

BM (주)도서출판 성안당

플랫폼화된 모빌리티 기술로
모든 것을 연결해 움직이는 세상

나는 오늘도 흥분된 가슴을 가라앉히고 냉철하게 한국의 미래의 먹거리를 생각해 본다. 나는 거대담론을 이야기하고 싶지 않다. 내 아들이 살아갈 미래가 누구나 꿈을 꾸고 공정한 기회와 원칙의 무대가 제공되고 더 좋은 미래를 맞이해야 한다는 생각이다.

우리 한국의 경제 모델은 부인하고 싶어도 부인할 수 없는 일본이다. 한국의 비즈니스 모델은 일본을 따라 조선, 철강, 반도체, 자동차 등 일본이 세계 선두의 자리를 추격해 이제 일본을 제치고 세계 1등의 자리에 올라섰거나 눈앞에 있다.

그런데 문제는 일본이 휘청거리고 있다. 1990년대까지 세계 2등

이던 일본이 2000년대 들어와선 중국에 밀리고 이젠 독일에 밀려 세계 경제대국 4위로 떨어졌다. 2026년이면 인도에 밀려 세계 경제대국 5위로 밀리고 2030년에는 한국에게도 뒤진다는 일본 미래학자 노구치 교수의 연구가 있었다. 왜 일본은 세계 1등이 되지 못했을까? 아니 세계 2등에서 계속 추락만 하는 것일까? 일본은 급변하는 세계의 경제모델 중 아직도 소재, 부품, 장비로 일컫는 '소부장' 비즈니스가 주력이다.

미국의 빌보드 차트로 미국의 성공 비결을 엿보자. 미국의 빌보드 차트는 세계 가수들이 꿈꾸는 성공대로이자 꿈의 무대이다. 빌보드에서 1등을 하면 좋지만 영원한 빌보드 1등은 없다. 빌보드 1등이 돈을 벌까? 빌보드를 만든 사람이 돈을 벌까? 빌보드 1등은 항상 바뀌게 되어 있다. 왜냐하면 시대적, 역사적, 철학적, 기술적인 트렌드는 항상 변화하기 때문이다. 그러나 빌보드라는 음악 플랫폼은 시대가 바뀌고 트렌드가 바뀌어도 플랫폼으로서의 자리를 내어주지 않는다.

왜 비즈니스를 하는 사람들은 미국에서 진검승부를 할까? 미국은 진정한 비즈니스 모델 중에 '플랫폼' 비즈니스의 본고장이다. 미국은 전 세계를 아우르는 플랫폼 비즈니스를 통하여 미국에서 1등을 하면 세계 1등을 하는 체계를 세웠다. 중국, 일본, 독일에서 1등을 하면 세계 1등이라고 하지 않는다. 왜냐하면 아직까지 미국의 플랫폼의 전 세계적 장악력을 따라오는 나라가 없기 때문이다. 이렇듯 진정한 미국의 힘은 '플랫폼' 비즈니스에 있다. 빌보드가 그렇고 넷플릭스가 그렇고 MICE 산업의 플랫폼인 라스베이거스에서 열리는 CES가 그렇다.

다시 일본의 이야기를 해보겠다. 일본은 세계 2등 국가에서 왜 계속 추락하고 있는 것일까? 세계 경제대국 2위인 중국, 3위로 올라선 독일, 곧 일본을 제치고 4위로 올라설 인도가 가지고 있는 공통점이 무엇일까? 바로 MICE 산업과 연계된 플랫폼 비즈니스를 국가적 전략과제로 삼고 민·학·관이 합쳐서 집중하여 육성을 하고 있다는 것이다. 그런데 MICE 산업과 연계된 플랫폼 비즈니스는 그냥 되는 것이 아니다. 제조, IT, 창조, 디자인, AI, 신소재, 반도체, 스마트시티 등 모든 분야에 준비가 되어 있을 때 가능하다.

1년에 한 번 1월이 되면 전 세계의 시계는 라스베이거스 CES에 멈춰 서 있다. 왜일까? 거기서 미래 인류의 기술과 트렌드가 소개되고 결정되기 때문이다. CES에 소개가 되면 전 세계 1등이 될 수 있기 때문이다. 그러나 플랫폼 비즈니스는 그냥 되는 것이 아니다. 제조, IT, 관광, 교통, 숙박, 건축까지 거대한 규모와 연출을 할 수 있는 시스템과 실력을 갖추어야 한다.

CES가 열리면 매년 647조 원의 소매 수익이 미국에서 발생한다. 이 금액은 삼성의 2023년 연간 매출액인 259조 원의 영업 이익인 6.57조 원의 98배가 되는 액수이다. 삼성은 1년 365일 내내 일을 해서 6.57조 원의 영업 이익을 남기지만 CES는 1년에 4일 동안 개최되는 전시회를 통하여 삼성의 98배가 되는 수익을 남긴다.

전 세계 MICE 산업의 규모가 1경 3,036조 원이다. 만약 우리가 이러한 엄청난 고부가가치를 창출하는 MICE 플랫폼 비즈니스 사업을 준비하지 않으면 어떤 비극적인 일이 벌어질까? 우리는 일본처럼 추락하는 쓰라리고 아픈 경험을 할 뿐만 아니라 회복할 수 없는 후진국으로 전락할 것이다.

내가 좋아하는 영어 속담이 있다. "The ball in your court.(네 차례다.)" 우리는 누구나 미래를 예측할 수 있다. 그러나 미래를 준비하고 공부하고 전략을 만들어 실행하는 것은 누구나 할 수 없다. 루저가 될 것인가? 위너가 될 것인가? 한국의 미래 먹거리는 무조건 MoT에 달려있다. 왜냐하면 MoT비즈니스 모델은 한국이 지금 세계 선두에 서서 리드하고 있는 분야이다. 비즈니스는 타이밍 싸움이다. 순간 타이밍을 놓치면 바로 망한다. 국가가 전략을 세우고 기업과 학교와 정부가 머리를 맞대고 융복합의 협의체를 만들고 같이 노력해야 미래가 보일 수 있다.

죽을힘을 다해 MoT 플랫폼 비즈니스를 성공시켜야 한다. 그래야 내 아들이 살아갈 미래가 있다. 박정희 대통령이 독일 아우토반을 보고 와서 한국에 경부고속도로를 만들고자 하였다. 그때 모든 야당의 지도자들 김영삼, 김대중 총재도 반대를 하였다. 차도 없는데 서울에서 부산까지 도로를 만든다는 것은 경제적으로 아무 이득이 없고 우리 한국은 망할 것이라고 하였다. 하지만 그때 경부고속도로를 만들지 않았더라면 지금의 대한민국은 없다. 그래서 부족하고 연약한 사람이 글을 써서 한국의 미래를 얘기하고 싶다.

지금 우리가 다음 세대를 위해 MICE 플랫폼 비즈니스를 만들어주지 못한다면 우리는 후손들에게 대역죄를 짓는 것이다. 아니 내 아들이 살아갈 미래를 준비하지 못해 가난한 나라로 전락하여 출구가 안 보이는 남미국가처럼 될 것이다.

이 책을 읽고 덮을 때쯤이면 MoT 플랫폼 비즈니스의 민·학·관이 힘을 합쳐 새로운 한국의 미래를 여는 시도가 있었으면 좋겠다. 내 젊은 날 수없이 많은 날들을 열정적으로 살았던 청춘이 생각난다. 잠을 못 자고 가난하고 힘들어도 힘이 났던 젊은 날의 청춘시절이 있었다. 꿈을 꾸고 그것을 이루기 위해 밤잠을 설치며 노력하며 살았던 열정의 시간들이 지금 다음 세대들에게 전달되었으면 좋겠다. 그날을 꿈꾸며 속히 그날이 오기를 절박하고 간절한 마음으로 바라면서 인트로를 마친다.

THANKS TO

나는 처음에 몽상가였다. 말도 안 되는 나의 비전에 꿈을 날개로 만들어 준 친구들을 소개하고 싶다. 필룩스 노시청 전 회장님, 나와 함께 꿈을 꾸고 세상을 변화시키고 있는 이노레드의 박현우, 배달의민족 한명수 CCO, 시원스쿨의 이시원, 이스라엘 에후드 올메르트 전 총리, 작년 지병으로 하늘나라에 간 라드그룹의 조하 지사펠 회장, 텔아비브 대학교 기오라 야론 전 이사장, USB 메모리 개발자 도브 모란, MoT라는 거대한 비전을 그릴 때부터 함께 해 오고 있는 머니투데이 최석환 정책사회부장 겸 문화부장, 무한 신뢰와 격려로 나를 이끌어 주시는 큰 산 같으신 나의 영적 멘토 평촌새중앙교회 황덕영 목사님, IT융합 박사이자 미래학자 맹명관 박사, 하늘나라에서도 나를 위해 기도해 주고 있는 나의 사랑하는 베프 키네마스터의 임일택 대표에게 이 책을 바친다.

도브 모란(Dov Moran)

▌이스라엘의 저명한 벤처 기업가, 발명가, 저자

- USB 발명가
- TriEye 공동창업자
- GroveVentures 매니징 파트너

모든 제품에 ID가 있고 모든 기기가 다른 사람과 대화에 참여할 수 있는 IoT(Internet of Things, 사물인터넷)의 세계에서 MoT(Mobility of Things, 사물이동성)가 다가오고 있음은 분명하다. 과거에는 이더넷 네트워크가 드물고 비용이 많이 들고 복잡했지만 오늘날 우리는 어디에서나 의사소통을 할 수 있다. 5G 이상의 6G 통신을 사용하면 자동차가 다른 사람과 통신할 수 있고 위성이 서로 또는 지상국과 통신할 수 있으며 심지어 비행기(군용 또는 상업용)도 조종사가 가능한 기지와의 안정적인 연결을 갖기 때문에 조종사가 필요하지 않다. 아직 AI만으로는 충분하지 않은 긴급 상황이나 복잡한 상황에서 비행기를 조종하기 위해 스크린 앞에 위험 없이 앉아 있을 수 있다. 이러한 모든 데이터 교환은 이동성을 개선하고, 더 나은 영향력을 이해하고, 이동성이 더 원활하고 안전하도록 돕기 위해 끊임없이 노력할 수 있고 그래야 하는 AI를 통해 이루어질 것이다.

우리는 자율주행에 관해 많은 이야기를 나누었다. 아직까지는 이런 일이 발생하지 않았지만 ADAS(Advanced Driver Assistance System)는 이미 운전 안전성을 크게 향상시켰으며, 충분한 시간 후에 자율주행은 결국 실현될 것이다. 우리는 100여 년 전에 우주로 날아가는 이야기를 읽었지만, 이 역시 시간을 충분히 주면 우주 관광을 보게 될 것이다. 오늘날 우리는 통신부터 농업 모니터링 및 개선에 이르기까지 이미 우리 주변에 다양한 작업을 수행하고 있는 믿을 수 없을 만큼 많은 수의 위성을 보유하고 있다. 기술 혁명에는 시간이 걸린다. 채택 속도는 예측할 수 없지만 이런 일이 일어나고 있으며 매일 우리는 더 나은 미래를 향해 한 걸음 더 나아가고 있다.

한국은 세상을 더 좋게 만드는 데 큰 역할을 하고 있다. MICE 플랫폼을 통해 데이비드 옥(David OK) 대표가 시작한 MoT 글로벌 쇼는 사람들을 연결하고 모빌리티의 미래 뒤에 있는 멋진 아이디어, 즉 더 안전하고, 생태에 민감하며, 유용하고, 재미있는 아이디어를 교육하는 데 도움을 줄 것이다.

전하진 ┃ SDX 재단 이사장
- 한국도시부동산학회 미래혁신 부회장
- 중부일보 객원 논설위원
- (전) 제 19대 국회의원 (분당을)

급변하는 글로벌 경제 속에 자원 부족과 수출로 미래를 열어야 되는 한국의 미래는 녹록하지 않다. 인간의 욕심과 자본으로 지구가 망가지고 있다. 기후 변화의 위기가 현실로 다가오고 있는 것이다. 이제는 다양한 원인과 이유로 우리 후손들이 살아갈 미래가 불투명하다. 내가 살아왔던 미래가 아니라 내 자식들이 살아갈 미래는 어떤 모습일까?

사람들은 위기에 대한 진단과 원인 분석에는 탁월한데 그 위기를 해결하는 솔루션을 제시하라고 하면 꼬리를 내린다. 그러나 누군가는 이러한 긴박한 상황에서 제기되고 있는 경제 발전과 기후 위기에 대한 해법을 제시해야만 한다. 그런 관점에서 데이비드 옥 총장의 두 번째 MoT 책을 읽고 세 가지 느낌이 들었다.

1. 누구도 생각하기 힘든 MICE를 한국의 미래 경제 발전을 위한 견인축으로 설정한 것이 탁월하다. 우리가 미처 생각하지 않은 척박한 사막을 비옥한 도시로 만들려는 시도가 눈에 띈다.
2. 미래 글로벌 경제 모델의 11가지 분야들을 선정해서 한국이 집중적으로 육성하고 발전시켜야 된다는 구체적 대안을 제시하였다. 이러한 대안 제시는 특히 정책 입안자들에게 좋은 가이드가 될 수 있다고 생각했다.
3. 다가올 인류 재앙인 기후 위기에 대한 솔루션을 제시하였다는 점에서 매우 시의적절한 책이다.

하루에 600여 권의 신간 서적이 나온다. 그중에서도 미래를 고민하는 분들에게 꼭 일독을 권한다. 비록 책 내용과 직접적인 관련이 없다손 치더라도 옥 총장의 사고의 유연성과 도발을 지켜보는 것만으로도 유익할 것이다.

평생 옥 총장은 이스라엘을 비롯한 글로벌 네트워크를 활용하면서 스타트업 후배 기업가들에게 꿈과 희망을 주려고 노력하며 살아가는 분이다. 이 책을 통하여 지구촌의 미래 경제와 기후 변화 위기를 해결하는 멋진 어벤저스들이 탄생하기를 기원하며 그분들의 지침서가 되기를 희망한다.

맹명관 ┃ 마케팅 스페셜리스트
- IT 융합박사
- 「불황기 면연력」, 「스타벅스의 미래」의 저자

평소 한국과 이스라엘 양국간의 스타트업 협업과 육성에 전력해 온 저자는 이 책에서 미래 먹거리의 중심이 IT 가전에서 자율주행 차나 우주선 등 이동 수단에 첨단기술이 집약되는 MoT(Mobility of Things)에 초점을 두고 이 혁신적인 패러다임의 전환이 IT 강국의 대한민국이 글로벌 경쟁력에 우위를 점하고 예전의 명성을 어떻게 찾을 수 있는지 구체적인 사례로 입증해 주고 있다.

그 전략 중의 하나로 저자는 탄소중립과 ESG와의 연관성을 감안할 때 MICE(Meeting + Incentive Travel + Conference + Exhibition) 플랫폼 사업이 미국의 CES를 대체할 수 있는 필살기라는 것을 근착된 자료와 전문가적인 시각으로 설명하고 있다.

저자가 제안한 MoT 글로벌 쇼는 시장 규모와 잠재성, 아울러 미래 비즈니스통합모델을 통한 경제파급모델 효과로 볼 때 이는 미래 국가 경쟁력을 높여줄 호재임이 틀림없다. 오랫동안 해외 IT 스페셜리스트와의 학문적 교제로 얻은 글로벌 통찰력과 흥미를 유발할 자료들은 이 책의 일독을 권유할 핵심적 이유가 될 것이다.

장흥순 ┃ 시그넷파트너스 주식회사 대표이사, 공학박사
- IT - 스카이오토넷 부회장
- 벤처기업협회 명예회장
- 카이스트 총동창회 부회장
- 한국청년기업가정신 재단이사

문명사적 역사의 획을 긋는 디지털과 초거대 생성형 AI가 이끌고 있는 대전환 시기에 누가 생존할 것인가? 미래의 한국 경제를 책임질 새로운 산업과 비즈니스의 성장동력은 어디에 있는가?

David 옥 총장의 'MoT' 책은 특히 자율주행차, 로봇, 드론, AI, 사물인터넷, 정보통신, 반도체, 센서, 2차 전지, 수소, 스마트시티에 이르는 미래핵심 비즈니스 분야에 대한 글로벌 동향과 데이터에 근거한 솔루션을 제시해 주고 있어 미래 대한민국의 먹거리와 새로운 사업 기회에 대한 인사이트가 담겨 있다.

대한민국이 기술 패권 시대에서 퍼스트무버로 거듭나기 위해서는 시장의 변화를 예측하고 성공 시 임팩트가 큰 선도형 융합산업인 MICE 산업의 육성을 통해서 혁신형 벤처 기업들의 성장 플랫폼이 될 수 있도록 국가적인 투자와 지원이 필요한 전략 산업으로의 패러다임 전환이 필요하다는 내용이 가득 담겨 있어서 힘을 얻는다.

　이 책에서 자주 언급된 "미래를 열어가는 창조적 소수"란 말에 감동을 받았다. 미래는 대중이 이끌어가는 것이 아니고 비전과 소명을 가진 돈키호테 리더에 의해 역사는 움직였다. 이 책을 통해 미래를 열어가는 창조적 리더가 많이 나올 것을 기대하며 이 시대의 '게임 체인저'를 꿈꾸며 더 나은 미래를 위해 도전하는 기업가들에게 필독을 권한다.

김성철 ┃ 원광대 한의과대학 학장
- 글로벌희귀질환네트워크연구소 소장
- 한국전통의학연구소 소장
- 주) 프리모바이오텍 대표이사

데이비드 옥 총장의 창의적이고 합리적인 발상과 국가와 미래사
회의 발전에 대한 해박한 지식은 흡사 아이디어 뱅크맨이라는 생각
이 든다. 향후 펼쳐질 미래사회에 대한 동경과 함께 내 전문 분야인
의학에 대한 사물이동성(MoT) 플랫폼에서의 의료 서비스가 어떤 모
습으로 변화할지가 가장 궁금하다. 하지만 분명한 것은 새로운 한국
의료의 미래도 MoT의 세상으로 변화되고 있음은 분명하다. 이를 어
떻게 준비하느냐가 향후 대한민국의 경제적인 부를 창출할 것이다.

현재 진행되고 있는 한국 의료의 대란에서 가장 중요한 것은 환자들 곁에 항상 의사가 있어야 하는데, 추후에도 코로나 팬데믹과 같은 강력한 전염병의 발생이나 기후 재앙에 따른 재난사항, 의료 파업 등의 심각한 의료 위기 속에서 이를 극복하기 위한 최고의 해결책은 바로 환자의 생명을 안전하게 돕기 위한 MoT 기술이 적용될 수 있다.

　응급 환자의 신속한 수송, 신속한 응급 진단을 통한 골든타임 내 수술의 진행, 고립된 환자들의 이상 행동을 24시간 모니터해서 위험 신호를 신속하게 응급센터에 보내는 시스템이나 원격의료, 모바일 건강 애플리케이션, 웨어러블 장치, 로봇 의수족, 생체 측정 환자복, 초음파 가이드 로봇 침술 등 환자의 건강에 대한 접근성과 효율성을 끊임없이 향상시킬 것으로 기대되며 많은 분들이 이 책을 통해서 미래에 펼쳐질 새로운 세상에 대한 풍부한 지식을 공유하기를 기대한다.

- **들어가는 말** … 2
- **추천사** … 8

Part 1

지금 전 세계는 CES에 멈춰 있다 · 24

Chapter 1_ **CES의 3가지 성공 요인** … 26
　　　　1. 혁신 트렌드를 제시하려는 꾸준한 노력 … 26
　　　　2. 세계 리더가 모여 생기는 거대한 파급 효과 … 27
　　　　3. 지속적인 전시 콘텐츠 영역 확대 … 27

Chapter 2_ **한국전자전이 CES가 되지 못한 이유** … 29
　　　　1. 규모 경쟁력 … 30
　　　　2. 연계 시설 … 32
　　　　3. 산업/기술 리더십의 부재 … 34
　　　　4. 전시 분야 중복성 … 37

Chapter 3_ **한국의 MICE 플랫폼 산업 개혁** … 40
　　　　1. 규모의 개혁 … 42
　　　　2. 네트워킹의 개혁 … 50
　　　　3. 마케팅의 개혁 … 51

Chapter 4_ **MoT 글로벌 쇼와 그 대안** … 53
　　　　1. MoT 글로벌 쇼 경쟁우위 … 53
　　　　2. MoT 글로벌 쇼와 네트워크 개혁 … 56
　　　　3. MoT 글로벌 쇼와 마케팅 개혁 … 57

Chapter 5_ **특별 칼럼** … 59
　　　　"아직도 전 세계는 CES만 바라보고 있다?"
　　　　–머니투데이, 최석환 정책사회부장 겸 문화부장

Part 2

한국의 미래는 MoT 글로벌 쇼에 달려 있다 · 70

Chapter 1_ 탄소중립과 MoT 산업 … 73

1. 탄소중립과 MaaS … 74
2. 탄소중립과 스마트시티 … 76
3. 탄소중립과 신재생에너지 … 83
4. 탄소중립과 메타버스 … 88
5. 탄소중립과 ESG 경영 … 94

Chapter 2_ MoT 글로벌 쇼와 미래 … 106

1. 선택은 결과를 책임지는 자의 특권이다 … 106
2. 어떻게 살 것인가? … 109
3. 한국의 미래는 MoT 글로벌 쇼에 달려 있다 … 110
4. 미래를 열어가는 창조적 소수 … 112
5. 내 자녀들에게 어떠한 미래를 선물해 줄 것인가? … 113

Part 3

왜 MoT인가? · 118

Chapter 1_ MoT가 가져올 미래 사회 ··· 120
    1. 워크(Work) ··· 122
    2. 라이프(Life) ··· 129
    3. 레저(Leisure) ··· 149
    4. 로지스틱스(Logistics) ··· 155

Chapter 2_ 왜 우리는 플랫폼 비즈니스를 해야 하는가? ··· 168
    1. 글로벌 경쟁력 확보 ··· 172
    2. 일본이 세계경제 1위를 하지 못한 이유 ··· 182
    3. MoT 글로벌 쇼는 미래 비즈니스 통합 모델 ··· 190

Chapter 3_ MICE 플랫폼을 통한 MaaS 플랫폼으로의 사업 확장성 ··· 209
    1. 모빌리티의 불가항력적인 미래, MaaS ··· 211
    2. 7,000조 승객 경제를 잡아라! ··· 217
    3. MoT MaaS 플랫폼 비즈니스 모델 ··· 231

Chapter 4_ 왜 MoT 글로벌 쇼를 서울에서 해야 하나? ··· 242
    1. 글로벌 스마트도시 1위, 서울시 ··· 245
    2. 국내 MoT 산업의 사업체들의 대다수가 서울에 있다 ··· 248
    3. 서울시 자율주행 비전 2030 ··· 249
    4. MoT 연관 분야 전시회 시장 점유율, 약 25%가 서울에서 개최 ··· 253

Part 4

MoT 시장 규모 · 260

Chapter 1_ 하드웨어 … 264
>> 1. 자율주행차 … 264
>> 2. 로봇 … 269
>> 3. 드론 … 273

Chapter 2_ 부품 … 278
>> 1. ADAS 센서 … 278
>> 2. 반도체 … 282

Chapter 3_ 신에너지 … 286
>> 1. 2차 전지 … 287
>> 2. 수소 … 292

Chapter 4_ 인프라 … 299
>> 1. 스마트시티 … 299

• 맺는말 … 305

지금 전 세계는
CES에 멈춰 있다

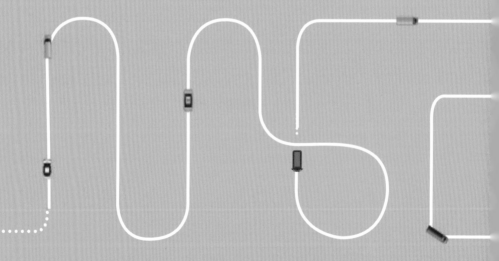

Chapter 1_ CES의 3가지 성공 요인

Chapter 2_ 한국전자전이 CES가 되지 못한 이유

Chapter 3_ 한국의 MICE 플랫폼 산업 개혁

Chapter 4_ MoT 글로벌 쇼와 그 대안

Chapter 5_ 특별 칼럼

1967년 뉴욕에서 시작한 CES는 소규모 가전 박람회에서 세계에서 가장 크고 빠르게 성장하는 최고의 전시회로 거듭났다. 매년 151개국에서 11만 명 이상의 참가자들과, 3,000개 이상의 전시사들이 모여 문전성시를 이룬다. 또한 900명 이상의 세계적인 산업 리더들이 4일 동안 200개 이상의 프로그램을 제공하고 매해 약 5,000개의 언론사들이 참가하여 22만 개의 기사들이 쓰여진다.

CES는 특히 모빌리티 산업에서 입지도가 가장 큰 전시회이다. 매해 300개 이상의 자동차 관련 회사들이 참가하며 Google, Amazon, Microsoft 등과 같은 대형 기술 기업들은 CES에서 '모빌리티' 분야에 부스를 설치하여 전시한다. 그들의 참여는 대형 기술 기업들이 모빌리티 비즈니스로의 확장을 상징적으로 발표하는 것을 의미한다.

자율주행을 포함한 모빌리티 부문은 최근 들어 CES에서 점점 더 중요하고 강조되는 전시 분야가 되었다. CES는 인공지능, AR/VR, 자율주행차, Web3, 메타버스 등의 테크 분야뿐만 아니라 뷰티, 금융, 마케팅/광고, 푸드, 스포츠, 의료, 여행, 지속가능성 등의 분야들을 총망라하여 세계적으로 가장 명망있는 멀티내셔널 기업들과 유망한 벤처기업, 스타트업들 그리고 정재계 인사들이 한 데 모여 인류 공통의 현안들을 논의하고 미래의 비전을 제시하며 가장 선두에 서 있는 기술들을 앞다투어 세상에 데뷔시키는 무대이다.

CES는 세상에서 가장 공신력 있고 영향력 있는 전시회로서 전 세계인들이 네트워킹하는 MICE 플랫폼이 되어 2024년 소매 수익만 USD 485B(한화 약 647조 원)을 기록했으며 이는 전년 2023년에 비하여 2.4% 성장한 수치이다. CES의 성공 요인들은 매우 많지만 대표적인 세 가지를 분석해 보겠다.

Chapter 1

CES의 3가지 성공 요인

1. 혁신 트렌드를 제시하려는 꾸준한 노력

CTA(Consumer Technology Association)는 매년 1월 전 세계 가장 혁신적인 트렌드를 소개한다. 새로운 기술과 이슈를 선점해 CES를 기업들이 앞다투어 혁신 기술을 뽐낼 자리로 만들었다. 기업은 CES의 브랜드가치를 믿고 참가하고, 참관객은 '미래기술 트렌드'를 알 수 있다는 설렘을 받는다. 이러한 CES의 이슈 선점 노력이 비즈니스 네트워킹의 선순환 구조를 만들어냈다. 전시회는 주최자가 만들지만 참가업체와 참관객의 비즈니스 네트워킹 자리이기도 하다. 기업과 참관객의 시너지 효과를 만들어 충성도와 몰입도를 높였고, 한번 가면 또 갈 수밖에 없는 행사를 만들었다.

2. 세계 리더가 모여 생기는 거대한 파급 효과

세계 리더들이 모여 만들어내는 파급 효과도 어마어마하다. 기조 연설은 CES의 메인 이벤트다. 글로벌 IT 업계를 이끄는 기업 인사들이 주요 화두와 향후 비전을 제시하고, 최첨단 제품 동향을 소개한다는 측면에서 중요하다.

CTA는 영향력 있는 리더들을 모으려 노력했다. 1998년 빌 게이츠 마이크로소프트(MS) CEO를 기조연설 강연자로 내세운 이후 지금까지 혁신 기업 리더들을 기조강연 자리에 세웠다. 기조연설자는 그 해 IT 시장 트렌드를 이끌 리더를 선정한다.

'CES 2024' 기조 강연은 지멘스, 로레알, 월마트, 인텔, HD현대 등 다양한 산업군의 기업 대표자들이 나섰다. 이렇게 CES는 세계를 이끄는 리더십을 가진 사람들을 모은다. 세계를 움직일 기업 리더들이 참석하고, 실리콘밸리를 비롯한 전 세계 투자 분석가들이 모이고, 전 세계 언론도 모여 어마어마한 파급 효과를 만들어 낸다.

3. 지속적인 전시 콘텐츠 영역 확대

지속적인 전시 콘텐츠 확대도 CES의 성공 요인이다. 주최측은 CEA(Consumer Electrics Association, CES 미국 소비자 가전협회)에서 CTA (Consumer Technology Association, 미국 소비자 기술 협회)로 이름을 변경하기까지 하며 '가전제품 전시회' 이미지를 벗으려 노력했다.

2010년부터 CES는 미래 모빌리티, 증강현실, 인공지능(AI), 사물인터넷, 드론, 선박 등 다양한 분야로 전시 품목을 혁신했다. '미래기술 선도'라는 브랜드 가치를 만들어내면서 참가 기업도 '혁신 기업' 이미지를 획득할 수 있게 됐다. 지금의 CES는 '가전제품 전시회'의 이미지를 거의 찾아볼 수 없다. 올해 CES 2024 핵심 키워드도 ▲AI, ▲모빌리티, ▲푸드, 애그테크(AgTech), ▲헬스, 웰니스테크(Welness Tech), ▲지속가능성과 인간 안보의 5가지다.

CES는 "이제 드론, 전기차, 미래 모빌리티, 선박까지 등장하는 '경계 없는 전시회'가 됐다."면서 전시콘텐츠 영역을 지속적으로 확대·혁신한 것도 주요 성공 비결이다.

한국에서도 CES와 같은 세계적인 성공을 거둬들이는 한국의 CES 전시회를 개최하려고 시도했었다. 하지만 아직까지 CES와 같은 영향력을 떨치는 결과를 만들어 내지는 못했다. 그 이유는 무엇일까? 그 사례를 통해 이유를 분석해 보겠다.

Chapter **2**

한국전자전이
CES가 되지 못한 이유

규모는 작지만 '한국판 CES'라고 할 만한 산업전시회도 있다. CES와 여러 모로 비슷한 한국전자전(KES)이다. KES는 CES 최초 개최(1967년) 2년 뒤인 1969년에 시작해 올해 55회째를 맞는 유서 깊은 전시회다.

1972년 컬러 TV를 최초로 선보이는 등 한국 전자·IT 산업 역사와 함께했다. 전시 품목과 지향점도 CES와 비슷하다. KES 홈페이지의 전시 개요를 보면 4차 산업혁명 시대 최신 산업 트렌드를 한눈에 살펴보고, 미래 산업의 방향을 구상해볼 수 있는 최신 정보 교류와 기술 습득의 장이며, 산업 경계가 사라지는 추세에 맞게 융합 신산업을 창출할 기회가 된다.

▲ 한국전자전(KES)

지난해 10월 진행된 'KES 2023'에는 게리 샤피로 CTA(미국소비자기술협회, CES 주최) 회장이 직접 참석해 전시장을 둘러보고 오프닝 키노트를 진행하기도 했다. KES는 CES와 비슷한 길을 걸어왔다. 두 전시회의 차이를 가른 건 무엇이었을까?

1. 규모 경쟁력

먼저 CES와 KES의 전시 규모를 비교해 보겠다. 두 전시회는 거의 같은 출발점에서 시작했다. CES는 1967년에 시작하여 연차로는 57년, KES는 1969년에 시작하여 연차로는 55년으로 2년밖에 차이

박람회	CES(Consumer Technology Association, 소비자 가전 전시회)	KES(Korea Electronics Association, 한국전자전)
개최 역사	57년(Since 1967년)	55년(Since 1969년)
개최도시	라스베이거스	서울시 강남(코엑스)
참가업체 수	3,273사	500사/1200부스
참관객 수	11만 8천 명	6만 명
규모	260,000m^2	36,007m^2 (Hall A 10,368sqm, Hall B 8,010sqm, Hall C 10,348sqm, Hall D 7,281sqm

▲ CES vs KES 규모 비교

가 나지 않는다. 두 전시회 모두 반세기 동안의 장기 개최를 성공한 전시회이다.

그러나 CES는 세계 최고의 전시회로 거듭났고 KES는 아직까지 CES만큼의 국제적 명성을 떨치지는 못했다. 먼저 전시회의 규모를 비교해 보면 전시면적이 CES는 26만 제곱미터이고 KES는 3만 6,000제곱미터이다. 세계 3대 전시회로 꼽히는 CES, IFA, MCA 기준 10만 제곱미터 이하의 전시면적은 없다.

참가업체 수는 CES는 KES의 거의 7배가 되는 3,000개 사 이상 참가하고 KES는 500개 사가 참여한다. 참관객 수는 CES가 KES의 거의 2배인 11만 8,000명이 참여하고 KES는 6만 명이 참가한다.

이렇게 규모 면에서 세계적 전시회들과 견줄 수 있는 규모가 아니다 보니 아무리 역사가 길어도 세계적인 기업들을 수용할 수 있는 규모의 인프라 자체가 부족하다.

2. 연계 시설

박람회	CES(Consumer Technology Association, 소비자 가전 전시회)	KES(Korea Electronics Association, 한국전자전)
개최 도시	라스베이거스	서울시 강남 (코엑스)
도시 면적	352km^2	39.50km^2
도시 내 항공	매캐런 국제공항	없음
호텔	호텔 수 300(객실 수 151,771)	호텔 수 70(객실 수 9,685)
교통	RTC버스 우버/리프트 모노레일 트램(무료) 렌터카	버스 지하철 택시 렌터카

▲ 라스베이거스 vs 강남

먼저 CES가 열리는 라스베이거스와 KES가 개최되는 강남구 두 도시를 비교해 보겠다. 라스베이거스는 352km^2 면적의 도시로 도시 안에 '매캐런 국제공항'이 위치하고 있어 국제 전시 방문가들의 교통이 편이하다.

또한 라스베이거스 안에는 전 세계에서 가장 큰 호텔 10개 중 6개가 있고, 전 세계에서 2,000개 이상의 객실을 가진 호텔 59개 중 27개나 라스베이거스에 있다. 라스베이거스 안 총 호텔 수는 300개, 객실 수는 약 15만 개로 연 평균 13만 명이 참가하는 CES의 참관객들을 충분히 수용할 수 있는 주변 숙박 시설을 갖고 있다. 뿐만 아니라 도시 안에 관람할 수 있는 '블루맨그룹', '왕들의 토나멘트'와 같은 세계적인 공연들과 서커스와 카지노를 비롯하여 후버 댐과 레드락과 같은 세계적인 자연 관광지들까지 방문객들이 전시회 뿐만 아니라 각종 유흥, 관광, 문화 등을 즐길 수 있는 구조로 인하여 전시회로 유입된 방문객들을 통해 도시에 추가적인 수익이 발생할 수 있는 구조가 원스톱으로 구성되어 있다.

반면 강남은 라스베이거스의 약 8배나 작은 면적의 $39.5km^2$의 도시로 도시 안에 국제공항은 위치하고 있지 않다. 또한 강남 안 호텔 수는 70개, 객실 수는 9,685개로 KES 연 평균 참관객 수 6만 명이 숙박이 필요하다면 매우 부족한 객실 수이다.

물론 한국은 땅이 작아 서울시 안 다른 구에서 필요한 숙박 시설을 해결할 수 있겠지만 전시회가 개최되는 전시회장 인근지역만을 본다면 매우 부족한 역량이다.

또한 강남은 한국에서 교통 체증이 가장 심각한 곳으로 한 번에 몇 만 명의 참관객들이 몰릴 경우 교통 체증과 주차 공간 부족 등의 심각한 불편이 초래될 수 있다. 강남 안 지역 명소로는 도산공원, 봉은사, 선정릉과 같은 문화유산 등이 있지만 라스베이거스의 카지노나 국제적인 쇼 공연과 같은 유흥과 문화 시설들이 원스톱으로 밀집되어 있지는 않다.

교통을 비교해 보면 두 도시 모두 교통 체증이 매우 심각하다. 하지만 라스베이거스 같은 경우 호텔을 기점으로 4~8분마다 운행하는 모노레일 운행과 걷기에는 멀지만 우버나 버스를 타기에는 애매할 때 사용하는 무료 트램(tram, 모노레일을 움직이는 전동차), 그리고 24시간 운행하는 RTC 버스 등 관광객들의 수요에 초점을 맞춘 대중교통을 활용하여 가장 붐비는 지역의 교통 체증을 어느 정도 해소하는 방향이다.

반면 강남구가 위치하는 서울시 역시 복잡한 체증만큼 빠르고 편이한 대중교통이 있지만 관광객들이 자주가는 장소 중심의 모노레일이나 무료 트램은 없다.

3. 산업/기술 리더십의 부재

마지막으로 한국의 KES전시회가 CES만큼의 세계적인 성공을 이루지 못한 가장 큰 이유는 바로 산업/기술 리더십의 부재이다. 전시회를 참여하는 목적은 전시기업들에게는 광고 효과와 매출 증대 그리고 전시회에 참가하는 참관객들에게는 참가하는 리더십들의 밸류(Value)일 것이다.

▲ CES 기조 연설자

CES에서는 Google, IBM, intel, amazon과 같은 세계적인 IT 기업에서부터 LG, Samsung, Hyundai 같은 국내 전자기기 및 자동차 대기업들 그리고 LOREAL 같은 뷰티 기업들 그리고 유망한 스타트업들까지 약 3,000개 사가 넘게 참가한다.

또한 단순히 비즈니스의 장이 아닌 세계적인 셀러브리티인 아놀드 슈왈제네거, 래퍼 윌 아이 엠, 패리스 힐튼 등과 정치인사인 이방카 트럼프 등도 참여하여 많은 참관객들을 유도한다.

▲ CES 2024 전시기업들

이렇듯 한국과 미국을 비교해 보면 미국은 기본적으로 산업과 기술에 세계적인 리더십이 있는 국가고 한국은 부족하다. 미국의 미디어 환경도 한 몫 한다. 국가적 환경이 전 세계적 파급력을 가질 수 있는 구조다.

또 CES는 미국이라는 거대한 시장을 가졌고 세계 시장에서도 유리하다. 산업 리더십, 미디어 환경, 기반 시장 등 출발선부터 압도적 차이가 있다. 국제 전시회는 세계를 끌어들여야 하는데 전 세계 바이어를 모으기 쉽지 않고, 글로벌한 행사를 처음부터 설계해 만들기도 어렵다.

4. 전시 분야 중복성

박람회	CES(Consumer Technology Association, 소비자 가전 전시회)	KES(Korea Electronics Association, 한국전자전)
전시 분야	5G, 접근성, 첨단에어모빌리티, 인공지능, AR/VR, 크립토커런시&NFTs, 디자인/소싱/패키징, 가족/라이프스타일, 피트니스&웨어러블, 푸드 테크놀로지, 게임&E-스포츠, 홈 엔터테인먼트, 마케팅&광고, 로보틱&드론, 스마트시티, 스마트홈, 우주 테크놀로지, 스포츠 테크놀로지, 스타트업, 지속가능, 여행/투어리즘, 운송 수단 테크놀로지, Web3&메타버스	• **테크솔루션** AI, IoT, 로보틱스, 빅데이터, 딥러닝, PLM, MES, ERP, CAD/CAM, 스마트물류, FA시스템, 머신비전, 디지털트윈, 네트워크 • **가전 스마트홈** 스마트홈, 홈디바이스, 디지털헬스, 헬스케어, 뷰티케어, 슬립테크, 스마트 오피스 • **전자부품 및 소재** 반도체, 디스플레이, 전장부품, 소재, 센서, 커넥터, 스위치, 계측기, 콘텐서 • **융합 신산업** 건물에너지, 핀테크, 스마트팜, 스마트시티, 통신, 클라우드, 앱/모바일, 풀필먼트, 이커머스, 리테일/유통 • **메타버스/홀로그램** 디지털휴먼, 게임, 엔터테인먼트, 디지털 트윈,Web3.0, 블록체인, NFT, AR Glass, VR, XR • **모빌리티** 자율주행, 자율이동로봇(AGV, AMR), 지능형 교통시스템(ITS), 라이더, 전기구동시스템, 렌즈, 배터리, 충전 기술, 드론, 우주항공, 지도, 도심항공 모빌리티(UAM), 지역 간 항공 모빌리티(RAM) • **ESG** 탄소중립, 온실가스, 자원순환, 수소/전기차, 연료지, 수소충전소, 에너지 효율, 화이트바이오, 기후, 환경

▲ CES VS KES 전시 분야 대조표

CES는 처음에 시장했던 전자기기 전시뿐만 아니라 다양한 최첨단 기술을 선보이는 경계없는 전시회로 거듭났다. KES같은 경우 테크 솔루션, 가전스마트홈, 전자부품 및 소재, 융합신산업, 메타버스/홀로그램, 모빌리티, ESG의 7가지 대주제로 전시 분야만 보면 CES에서 전시하는 분야를 포괄한 더 방대한 산업 분야들을 전시한다.

이론적으로는 CES보다 KES에 더 볼거리가 많아야 한다. 하지만 두 전시회들이 출범하고 반세기가 지나고 결과를 보면 결과는 반대로 흘러갔다. 즉 양(Quantity)에서 승부를 보려면 먼저 질(Quality)에서의 승부를 봐야 한다는 것을 증명한 셈이다. 앞으로 어떠한 전시회가 CES와 같은 혹은 더 많은 산업 분야들을 전시하는 전시회를 주최한다고 해도 CES보다 더 높은 양질의 콘텐츠를 제공할 수 있는 우위를 점하지 않는다면 이미 경쟁은 어렵다.

CES와 같은 경계 없는 다양한 전시 분야 전략은 분야의 중복성으로 인해 역효과를 낼 것이다. 또 다른 악재는 전시 시기이다. CES는 연초인 1월에 개최를 하는 반면 KES는 9~10월이 전시 시기이다.

CES와 비슷한 전시품목들을 전시하는 전시회들은 1월 이후에 개최 날짜를 잡게 되면 이미 신기술들을 섭렵한 CES에 의해 노출된 볼거리들을 중복 전시할 확률이 높고 그로 인해 화제성이 떨어지게 된다.

반면 IAA Mobility같은 경우 독일의 '자동차 강국'이라는 국가적인 상징성을 바탕으로 오직 자율주행 자동차 분야만을 전시하여 베를린에 39개국으로부터 온 40만 7,000명의 참관객을 모으는 데 성공하였다. 이 참관객 수는 CES의 11만 8,000명보다 약 4배나 더 많은 참관객 수이다. IAA Mobility 같은 사례를 보면 사람들은 제4차 산업혁명의 기술 중에서 '자율주행차'라는 미래 신기술에 높은 관심을 보인다는 것을 증명해 주고 있다. 또 자동차 강국뿐만이 아니라 독일은 전시회 산업의 절대 강국이기도 하다. 독일은 세계 전시회 시장의 3분의 2를 석권하고 있어 매년 150여 개의 대규모 국제 전시회가 열리며 18만 여 업체들과 관람 인원 1,000만 명이 독일로 유입된다.

이러한 산업의 발전으로 누적된 전시 노하우들과 독일의 선진 자동차 산업 분야가 만나 현재 가장 큰 산업의 화두로 떠오르는 '자율주행'에 대한 대중의 높은 관심도를 만족시킴으로써 전시회로서 큰 세계적인 흥행을 거두고 있다.

어쩌면 한국은 독일의 전철을 밟아야 하는지도 모른다. 보다 많은 전시 분야들을 포괄하여 덩치를 키우는 것보다 선택과 집중으로 한국의 강점을 각인시키는 것이 더 유리하다. 한국은 세계적으로 빠른 경제발전과 IT 강국 1위로 유명하다. 우리는 독일과 같이 이러한 국가의 상징성을 마케팅에 활용하여 미래 신기술들이 집약되어 화제가 높은 분야인 '사물이동성' 산업과 한국의 높은 수준의 ICT 기술로 무장된 모빌리티 산업과 스마트 인프라와 접목하여 전문성을 높인 전시 분야를 채택해야 할 것이다.

Chapter **3**

한국의 MICE 플랫폼 산업 개혁

전시산업은 크게는 MICE(Meeting 회의, Incentives 포상여행, Conventions 컨벤션, Exhibition 전시회) 산업에 한 부분을 차지하는 세부산업으로 MICE 산업은 세계 각국에서 관광 자원으로 MICE 산업의 부가가치를 인식하여 MICE 산업을 국가 전략 산업으로 육성하기 위해 대규모 컨벤션 시설 및 전시장을 건립하거나 국가 자원의 유치 활동 지원에 앞장선다. MICE 산업에 이렇듯 국가들이 관심을 두고 있는 이유는 MICE 방문객이 지출하는 금액이 단순 레저나 관광 목적의 일반 여행자보다 많고, 행사의 규모가 커서 고용 창출 효과 등 경제적 파급효과가 크기 때문이다.

MICE 산업은 대규모 회의장이나 전시장 등 전문시설을 갖추고 국제회의, 전시회, 인센티브 투어와 이벤트를 유치하여 경제적 이익을 실현하는 산업으로 숙박, 교통, 관광, 무역, 유통 등 여러 가지 산업과 유기적으로 결합한 고부가가치 산업이다. 여기에 MICE 관광객들의 입소문을 통해 전해지는 국가 이미지 제고 효과도 무시할 수 없다. 국제회의 참가자의 경우 각국 해당 분야의 여론 주도층이 대부분인데, 이들이 회의 참가 뒤 고국으로 돌아가 자연스럽게 대한민국의 홍보대사 역할을 하므로 이는 수치로 환산할 수 없는 이미지 제고 효과로 이어진다.

특히 우리나라처럼 자원보다 인력이 풍부한 나라는 더욱 MICE 산업의 가치에 투자해야 한다. 또한 전 세계적으로 이어지고 있는 스태그플레이션(물가 상승과 실직, 경기 후퇴가 동시에 나타나는 경우)의 위기 속에서 고금리, 고물가, 고인건비, 인구 절벽으로 인한 후폭풍을 다음 세대가 맞지 않도록 지속가능한 미래 먹거리를 타국보다 분단국가, 자원의 한계, 협소한 국토 등 더 많은 한계점이 존재하는 우리나라는 이를 인지하고 더 현명하게 어떠한 미래산업에 투자할지 고심해야 한다. 그렇지 않는다면 한국은 우크라이나나 필리핀과 같은 미래를 맞게 될 것이다.

이를 위하여 한국의 MICE 산업은 개혁되어야 할 것이고 그 개혁된 밭 위에서 1경 3,000조 시장의 MoT 산업과 7,000조의 승객 경제를 한국에 유입할 MoT 전시회를 성공적으로 유치할 수 있다. 그렇다고 한국의 MICE 산업이 어두운 것만은 아니다. 한국에는 MICE 산업을 개혁할 여러 가지 호재들이 분명 존재하고 있다.

1. 규모의 개혁

한국의 MICE 산업의 호황을 위하여 첫 번째로 개혁되어야 할 점은 규모이다. 특히 글로벌 스마트시티 1위의 도시인 서울의 MICE 산업의 규모를 개혁해야 한다. 현재 서울의 가장 큰 전시장인 Coex 전시장의 총 규모는 36,007m²로 이 면적도 순수 전시 면적이 아니라 100여 개까지 분할 가능한 회의실, 공연장, 오피스 공간을 포함한 면적이다.

이는 세계적인 전시회를 개최하기에 턱없이 부족한 면적이다. CES와 같은 경우 전시면적이 26만m²로 한국전자전이 개최되는 Coex의 무려 8.6배 차이가 난다.

뿐만 아니라 CES 전시장 안에는 회의실, 오피스와 같은 업무 공간은 물론이고 리조트와 카지노도 전시회장 안에 상주하고 있어 레져와 숙박을 원스톱으로 해결하기에 편리하다. 또한 '라스베이거스'라는 도시 안에는 매캐런 국제공항이 위치하고 있어 전시장으로의 해외 방문가들의 교통이 편리하며 세계에서 가장 큰 10대 호텔 중 6개가 라스베이거스에 있으며 이를 포함 객실 2,000개 이상의 호텔 27개도 위치하고 있다.

전시회장 인근 호텔들을 기점으로 다니는 모노레일과 무료 트램, 24시간 버스 등 관광객 맞춤 교통도 마련되어 있으며 도시 내 각종 유흥, 관광, 문화를 즐길 수 있는 MICE 클러스터가 형성되어 있다.

반면 코엑스 전시회장이 위치한 강남구에는 인근 지역 많은 전시회 참관객들을 수용할 수 있는 숙박 시설이 라스베이거스에 비하여 현저히 부족하다.

먼저 강남구에 있는 호텔 수는 70개밖에 되지 않으며 서울의 교통은 편리하지만 라스베이거스처럼 관광객 위주로 호텔들을 연결하는 모노레일이나 무료 트램, 24시간 버스 등 관광객 맞춤 교통은 따로 마련되어 있지 않다. 또한 Coex의 전시회장 규모 자체가 워낙 작기 때문에 상업, 업무만을 위한 시설도 부족하여 인프라 부족, 콘텐츠 부족은 결과적으로 글로벌 경쟁력에서 뒤쳐지게 하는 결과를 가져왔다.

미 전시 주최사 설문조사 결과 숙박 시설과 컨벤션 시설과의 거리가 전시회 개최에 영향을 미친다고 답한 수가 80%였다. 그렇기 때문에 최근 전시 인프라 트렌드에 따라 전시장과 숙박, 상업, 업무, 문화시설을 하나로 구성하는 MICE 복합단지 조성이 필수적이다.

대상지		면적	공간성격
잠실운동장 일대	잠실운동장	414,205m²	스포츠·MICE 중심 공간(주경기장 리모델링, 야구장, 스포츠 컴플렉스, 호텔, 전시·컨벤션 시설 등)
	한강, 탄천	63만 m²	시민 친수 공간(한강 · 탄천 공원화, 올림픽대로 등 지하화, 동부간선도로 및 탄천·신천 나들목 개선, 탄천 보행교)
영동대로		17만 m²	복합 환승(시민 편의 공간, 공공 및 상업 시설, 통합 역사 및 환승센터, 주차장)
대규모 전략 부지	현대차 GBC	74,148m²	국제 업무 중심 복합 공간(업무, 전시·컨벤션, 판매, 숙박 등)
	서울의료원	31,543m²	MICE 지원 공간(업무, 전시·컨벤션, 숙박)
	옛 한국감정원	10,988m²	MICE 지원 공간(업무, 전시·컨벤션, 숙박)
	COEX	190,386m²	MICE 중심 공간
중·소규모 민간 필지 등		707,032m²	업무 복합, 도심서비스 등

▲ 서울국제교류복합지구 개발 개요

결국 세계적인 전시회를 개최하기 위해서는 최소 순수 전시 면적 10만 m²를 확보해야 하고 이를 뒷받침해 줄 업무, 숙박, 상업, 문화, 관광, 교통 그리고 유흥까지 갖춘 MICE 인프라가 필요하다.

이러한 부족한 수도권 MICE 산업의 개선을 하고자 서울시는 강남 Coex와 잠실운동장(강남구 삼성동 167 일대~송파구 잠실동 10일대)을 잇는 199만 m² 부지의 대규모 '서울국제교류복합지구'를 짓고 있다(2031년 완공).

코엑스~잠실운동장 일대는 86년 아시안게임, 88년 서울올림픽을 통해 전 세계에 대한민국 서울을 알린 역사적 장소로 크고 작은 국제회의, 스포츠경기, 세계적 공연 등이 개최되는 서울의 중심지이다. 전시·컨벤션 시설부터 88올림픽의 잠실종합운동장, 한강·탄천, 봉은사까지 마이스(MICE)의 3요소라 할 수 있는 인프라와 문화·역사자원을 모두 갖춘 최적의 장소이다.

서울시는 코엑스~잠실종합운동장을 잇는 199만m²에 달하는 지역을 국제교류복합지구로 지정하고, 서울의 미래 경쟁력을 담보하는 공간으로 육성하고 있다. 공공기관 지방 이전으로 대규모 가용지가 발생하는 것을 기회로 이 지역이 가진 잠재력을 충분히 활용하여 국제 업무, 전시·컨벤션 등 MICE 산업 중심으로 시민이 만들고 세계인이 찾는 서울, 국제교류복합지구로 개발하고 있다.

현재 MICE 산업의 핵심시설인 코엑스의 전시·컨벤션 시설은 포화상태에 이르렀고, 잠실종합운동장은 노후화되어 이용률이 감소하고 유지관리 비용이 과도하게 지출되고 있어 시설 운영 관리 측면에서 효율성이 떨어지고 있다. 이에 서울시는 국제교류복합지구를 국제 업무, 전시·컨벤션, 스포츠, 문화·엔터테인먼트가 융합된 '경쟁력 있는 MICE 단지'로 변모시키고 있다.

국제교류복합지구의 개발 방식은 친환경적이고 보행, 대중교통이 중심이 되는 지속가능한 모델을 지향하며 MICE 시설을 둘러싼 한강과 탄천 일대는 한강의 소중한 자연성을 회복하고, 시민을 위한 생태,

시설 종류		주요내용	비고
본 시설	전시·컨벤션	11만m²	전시장 약 9만m², 회의장 약 2만m²
	야구장	3만 석 이상	기능시설(경기장, 관람석, 지원시설)
	스포츠 콤플렉스	1.1만 석	농구장, 배구장 등 경기장과 공연 등의 기능을 복합화한 다목적 시설
	수영장	2급 공인 수영장	관람석 3,000석
	수변레저시설	수상 계류장 14척	다목적 스포츠 공간 포함
부속 시설	호텔	900실 내외	5성급 300실, 4성급 600실
	문화상업	연면적 12만m²	-
	업무	연면적 18만m²	-

▲ 잠실 스포츠 · MICE 복합공간 개요

휴식, 여가 공간으로 조성할 예정이다. '서울국제교류복합지구'는 세계로 통하는 서울의 관문이자, 서울 시민의 자랑이 되어 줄 것이며 지속가능한 환경 친화적 도시를 지향하는 서울의 새로운 꿈이다.

그 중 '서울국제교류복합지구'의 일부인 414,205m² 부지의 잠실 운동장 일대는 '잠실 스포츠 · MICE 복합공간 조성 민간투자사업 추진' 사업을 2025년 완공 예정이다.

계획대로라면 2031년까지 기다리지 않아도 2025년이면 서울에 10만m² 이상의 전시회 공간과 18만m²의 업무 시설과 900여 실의 호텔 숙박 시설과 스포츠(야구장, 스포츠 콤플렉스), 레저(수변레저시설), 문화 · 상업을 한번에 누릴 수 있는 MICE 복합지구가 생기게 된다.

그리고 2031년이면 COEX~현대차(GBC)부지 연계로 약 31만m²의 전시 공간이 더하여져 서울 최대의 전시면적인 총 41만m²의 전시 공간과 업무·전시·컨벤션·숙박이 연계된 MICE 복합단지가 조성된다. 이 면적은 미국 CES 26만m²의 약 1.5배나 더 큰 면적이며 그동안 결핍되어 있던 업무 공간과 숙박 시설이 보충되고 야구장과 수영장과 같은 스포츠 시설과 수변레저시설을 갖춘 것이 카지노와 유흥 중심으로 조성된 라스베이거스 MICE 복합단지와의 차별점이다.

- 교통

▲ 영동대로 교통 허브

교통 부분에서는 영동대로 복합환승센터가 자리잡으면서 기존의 교통 불편이 크게 해소될 예정이다. 영동대로 지하 공간에 잠실야구장의 30배 면적에 달하는 영동대로 복합환승센터는 국제 업무 중심지로서의 강남의 위상과 그에 요구되는 광역복합환승센터로서 국제교류 복합지구 개발, 교통, 문화, 관광, MICE 산업 거점 확립을 위한 최적의 도시 인프라 및 교통 허브가 될 것이다. 삼성역을 중심으로 4개의 철도 노선이 계획되어 있어 삼성~동탄, 파주~삼성, 덕정~수원, 위례~신사까지 구간이 연장될 예정이다.

• 레저

▲ 한강 탄천 일대

서울국제교류복합지구는 또한 매력적인 수변문화와 녹색문화공간을 품고 있다. 차도교 4개소(청담2교, 청담교, 봉은교, 삼성교), 보행교(잠수교)

3개소가 위치한 한강 탄천 일대는 탄천 한강 합류부 낙차공으로 종단 연속성 상실, 콘크리트 블록 위주의 호안과 고수부지 포장으로 횡단 연속성을 상실하여 주변 지역의 역사문화 자원 및 코엑스, 현대 글로벌비즈니스센터(GBC), 잠실운동장 등 지역 자원으로의 연결성, 보행 활동 등의 개선이 요구되어 왔다.

한강의 소중한 자연성을 회복하고 국제교류복합지구 내 시민 어메니티를 실현하기 위해 서울시는 "2030 한강 자연성 회복 기본계획(2013. 12, 한강사업본부)", "코엑스~잠실운동장 일대 종합발전계획(2014, 서울특별시)", "한강 자연성 회복과 관광자원화 추진을 위한 종합계획 수립연구(2015, 서울특별시)" 등을 통해 한강·탄천 일대에 시민을 위한 수변문화공간을 조성하고 있다.

생태적인 측면에서는 한강과 탄천 상류 생태 경관 보전 지역의 전이지대로서 생태 거점, 종적 생태축 조성 및 하천 환경 개선으로 자연성과 수생태계의 건강성이 회복된다. 문화적 측면에서는 국제교류복합지구 중심부 녹색 문화 공간으로서 유형별 차별화된 공간 조성으로 시민을 위한 매력적인 수변 문화 장소를 제공한다.

도시적 측면에서는 탄천 동서변 도시 기능을 연결하는 보행교를 신설하여 탄천으로 단절된 국제교류복합지구를 공간적으로 통합한다.

2. 네트워킹의 개혁

한국의 MICE 산업이 개혁해야 할 두번째 부분은 '네트워킹의 개혁'이다. 서울국제교류복합지구와 같은 넓고 쾌적한 MICE 복합단지가 생기더라도 그 안을 채워줄 세계적인 제품, 신기술, 무역사업 관련 정보의 콘텐츠가 없다면 무역 상거래가 증진되는 지식 매개 플랫폼 산업으로서 한국의 MICE 산업의 발류는 CES에 계속 뒤쳐질 수밖에 없다. 결국 전시회를 찾는 결정적인 요인은 시설보다 콘텐츠이기 때문이다. 때문에 내수시장에 머무르는 네트워킹이 아니라 세계 산업/기술 리더십의 1tier 인사들을 기조연설, 키노트스피커 등 전시회를 구성하는 프로그램의 수준을 격상시키는 데 주력해야 한다.

한국의 평균 전시회 참관비는 무료에서 2만 원 선이다. 반면 3대 전시회들의 참관비는 20만 원에서 700만 원까지 호가한다. 이 지표는 한국의 MICE 산업이 제공하는 콘텐츠의 가치를 대중이 얼마로 측정하는지 여실히 보여주는 것이다. 한국의 MICE 산업의 콘텐츠는 무료에서 2만 원 선에도 가지 않지만 미국의 CES는 20만 원에서 100만 원으로 측정되는 참관비와 왕복 비행기표와 숙박비까지 부담하면서 가는 것이다.

한국의 MICE 산업은 규모의 개혁과 더불어 네트워킹의 개혁을 이루어 글로벌한 비즈니스 네트워크를 구축하는 것에 우선시해야 한다. 각 산업을 대표하는 인사들을 중심으로 네트워크 구축을 해야 세계 MICE의 중심지가 서울로 옮겨지게 되는 것이다. 콘텐츠가 채워지지 않는다면 서울국제교류복합지구는 빛 좋은 개살구가 될 것이다.

3. 마케팅의 개혁

판매에서 마케팅이 8할이라는 말이 있다. 그만큼 무엇을 만드는지 보다 어떻게 판매하느냐가 중요하다는 세일즈의 관점이다. 앞서 부산의 엑스포 유치 실패 사례에서 보았듯 세계적인 추세인 ESG 경영보다 문화 경쟁력을 내세운 것이 실패의 요인 중의 하나이다. 반대로 IAA Mobility의 성공 사례를 보면 국가의 상징성을 영리하게 마케팅하여 성공한 케이스이다.

한국의 MICE 산업은 미국과의 차별성을 공략하는 독일의 전철을 밟아야 한다. 독일은 타국이 갖고 있지 않은 국가의 '자동차 강국'이라는 상징성과 4차 산업혁명의 큰 부분을 차지하는 자율주행 자동차라는 전시 품목을 선택하여 더 폭넓은 전시분야를 선택하기 보다 자동차라는 하나의 분야에 선택과 집중함으로써 마니아층을 응집시켰다.

이뿐만 아니라 IAA Mobility 주최측은 참관객들을 직접 전시회 장까지 픽업해 주는 자율주행 셔틀버스를 운행하고 IAA Mobility Visionary Club이라는 팟캐스트 채널을 통하여 커뮤니티 연대를 강화하고 있다.

다른 나라에는 없는 한국의 고유한 상징성과 4차 산업혁명 의제에 맞는 전시 산업 분야가 서로 시너지효과를 낼 수 있도록 마케팅하는 것이 성공의 발판이 될 것이다.

Chapter **4**

MoT 글로벌 쇼와 그 대안

1. MoT 글로벌 쇼 경쟁우위

다음 그림은 MoT 글로벌 쇼의 경쟁사들을 대비 분석한 MoT 글로벌 쇼의 경쟁우위점들이다. 서울국제교류복합지구에서 개최한다는 가정하에 MoT 글로벌 쇼는 약 40만m^2의 전시 면적으로 CES보다 더 큰 전시 면적에서 개최되는 전시회가 될 것이다.

전시 분야 면에서는 '최첨단 테크'라는 포괄적인 영역을 영위한다기보다는 MoT 분야만을 전시함으로 전문성에 집중하는 전략이다.

평균 전시가는 CES(670만 원~2,700만 원)보다는 높지만 IAA Mobility

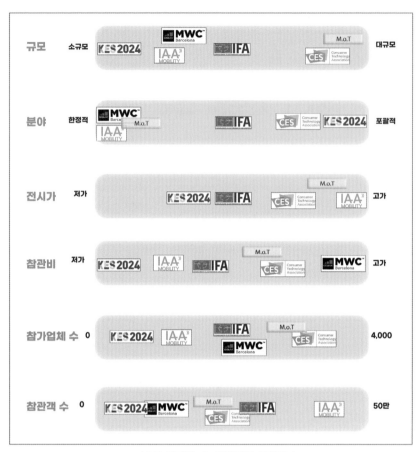

▲ MoT 글로벌 쇼 경쟁우위 분석표 I

(2,100만 원~5,000만 원)보다는 낮은 500만 원~5,000만 원으로 측정하여 많은 전시 면적을 요하는 산업인 만큼 40만m²의 더 많은 전시 면적을 제공하는 고급화 전략을 내세우되 더 좁은 9만m²의 전시 면적을 제공하는 IAA Mobility보다는 낮은 전시가로 측정하여 가성비를 만족시키는 전략이다.

▲ MoT 글로벌 쇼 경쟁우위 분석표 Ⅱ

참관비 역시 저가 전략보다 콘텐츠의 고급화를 통하여 한국의 평균 테크 전시회 참관비(무료~2만 원)보다는 훨씬 고가인 20만 원에서 100만 원 선이지만 CES와 MWC(Mobile World Congress)보다는 낮다.

참가업체 수는 3,000개 사를 목표로 CES보다 약 1,000개 사 정도 낮지만 타 경쟁 전시회들보다는 많게 목표했다. 참관객 수는 10만 명을 목표로 많은 대중보다는 마니아층을 두텁게 하는 것에 집중한다. 그 이유는 아직까지 한국의 전시산업의 소비자의 소비력이 위축되어 전시 참관비가 낮게 측정되어 있기 때문에 참관객 수 증가는 점진적으로 이루어 나가는 게 현실적이다.

MoT 글로벌 쇼가 경쟁우위를 점하기 위한 주 전략은 바로 세계

3대 박람회들보다 더 고급화된 전시 인프라를 제공하면서 가격은 더 낮게 측정하는 것이다(전시 면적 : 50만m², 190만m² 최신 MICE 복합단지). 반면 CES보다 전시가와 참관비를 조금 더 낮게 측정하여 가성비면을 어필한다. 또한 한국의 전시회 산업은 B2C 참관비가 무료에서 2만 원대로 워낙 낮아 MoT의 수익의존도는 B2C보다 B2B에 훨씬 더 많은 무게를 두는 것이 유리하다.

마지막으로 이미 대부분의 테크 분야는 세계 3대 전시회들이 포괄적으로 커버하고 있기에 '사물이동성' 분야의 전문성을 독점하여 전시 분야의 독점성을 가져간다.

2. MoT 글로벌 쇼와 네트워크 개혁

다음으로는 전시회의 꽃이자 엔진이라고 불리우는 비즈니스 네트워크의 질(Quality)이다. 한국에는 MoT를 대표하는 세계적인 대기업이 무려 4사나 있다(삼성, 현대, LG, SK). 그리고 MoT 관련 기업들이 총 58,853개로 추산된다(자율주행차, 로봇, 드론, ADAS센서, 반도 체, 인공지능, 사물인터넷, 정보통신, 2차 전지, 수소). MoT 산업이 계속 발전함에 따라 한국의 MoT 생태계 역시 더 커지고 단단해질 것이다.

이러한 한국의 산업 생태계는 해외 투자가들에게도 매력적인 요소로 다가갈 것이고 국내에서는 MoT 글로벌 쇼를 통한 해외무역 증진의 수요도 충분히 존재한다고 분석될 수 있다.

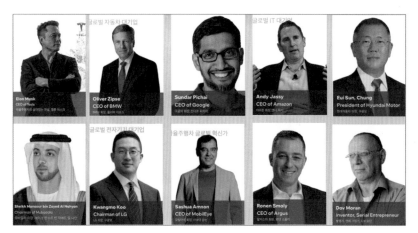

▲ MoT 글로벌 쇼 기조연설 프로파일(가상)

MoT 글로벌 쇼는 사물이동성의 다양한 산업 분야들을 각각 대표하는 세계적인 기업인들과 벤처 신화들 그리고 금융인사들을 기조연설자로 초빙하여 내수에 머물러 있던 한국의 MICE 산업에 네트워킹 개혁을 이루고자 한다.

3. MoT 글로벌 쇼와 마케팅 개혁

마지막으로 MoT 글로벌 쇼는 마케팅의 영역은 문화 경쟁력을 내세우다 리야드에게 패배한 부산 EXPO의 굴욕을 만회하고 ESG(Environmental(환경), Social(사회), Governance(지배 구조)) 경영, 즉 환경 의제에 부합한 마케팅을 채택한다.

▲ 서울의 상징성

서울은 글로벌 스마트시티 1위의 도시이자 세계 최고의 IT 도시 그리고 교통성과 이동성 부분에서 세계에서 가장 편리한 대중교통이 있는 도시로 꼽힌 도시이다.

서울의 이 모든 성적들이 왜 대한민국의 수도가 앞으로 미래 모빌리티의 세계적인 중심이 될 잠재력이 가장 크고 세계적인 환경안건인 탄소중립에 가장 빨리 도달할 수 있는 도시임을 증명하고 있다.

MoT 글로벌 쇼는 서울의 이러한 최적의 조건들을 부각한 이미지메이킹과 4차 산업혁명의 중심이 되는 MoT(사물이동성) 산업의 조화를 통해 시너지 효과를 볼 수 있도록 문화경쟁력보다는 현재 가장 큰 현안인 환경 의제 테마에 집중한다.

Chapter **5**

특별 칼럼
- 아직도 전 세계는 CES만 바라보고 있다?

by 머니투데이, 최석환 정책사회부장 겸 문화부장

"비즈니스 리더들이 만나고, 꿈꾸고, 해결하는 허브가 될 것이다."

'2024 CES' 개막을 앞두고 주관사인 '전미소비자기술협회(CTA·Consumer Technology Association)'의 게리 샤피로(Gary Shapiro) 회장이 한 말이다. 그러면서 전체 기술 산업의 생태계를 연결하는 행사는 CES가 유일하다고 선언했다. 글로벌 전시 플랫폼의 대명사로 세계 최대 IT·가전박람회를 이끌고 있는 그의 자신감이 그대로 느껴진다. CES 전체를 관통하는 주제를 함께 모여 인류의 문제를 혁신 기술로 해결하자는 의미가 담긴 '올 투게더, 올 온(All Together, All On·모두를 위한 모든 기술의 활성화)'으로 내세운 것도 같은 맥락이다.

존재감 과시한 전시 플랫폼 황제

실제로 지난 12일(현지시간) 막을 내린 '2024 CES' 참석자는 전년 (2023년)보다 17% 증가한 13만 5,000명을 넘어섰다. 코로나19 팬데믹(감염병의 전 세계적 유행)의 직격탄을 맞으면서 행사가 축소됐던 2022년(4만 5,000명)과 비교하면 3배 가량 늘어난 규모다.

전시 참가 기업 수도 4,300여 개(150개국)로 역시나 전년(2023년·3,200여 개) 대비 34% 증가했다. 국가별로 보면 주최국인 미국(1,148개)과 중국(1,104개), 한국(772개)이 톱(Top) 3를 차지했다. 미국 경제전문지 포춘 선정 '글로벌 500대 기업' 가운데 300개가 넘는 기업이 방문한 것으로 집계됐다. 미국 라스베이거스 베네치안 엑스포 내 유레카 파크에 부스를 차린 스타트업은 440여 개 한국 기업을 포함해 1,200개가 넘었다.

그러다 보니 라스베이거스 컨벤션센터(LVCC)와 만달레이 베이 컨벤션센터 등에 마련된 전시공간도 약 250만 제곱피트(약 23만 2,257㎡)로 전년보다 14.4% 커졌다.

전반적으로 코로나19 사태 직전인 2020년 수준(160여 개국·4,500여 개 기업·18만 명 방문)을 어느 정도 회복했다는 평가가 나온 이유다.

미래 사회를 주도할 최첨단 신기술의 각축장 역할도 놓치지 않았다. 과거 VCR(비디오카세트레코더·1970년), CD(콤팩트디스크)플레이어(1981년), DVD(디지털다기능디스크·1996년), 포켓PC(2000년) 등의 가전제품이 데뷔식을 치렀고, 2010년부터는 IoT(사물인터넷), 자율주행·전기자동차, 가상·증강현실(VR·AR), 3D 프린터, 5G(5세대 이동통신), 스마트 모빌리티, 메타버스, AI(인공지능) 등을 화두로 던지며 글로벌 소비 시장에 지각변동을 일으켰다.

주류로 부각된 한국의 위상

CES의 성장 과정에서 동반 상승한 한국의 위상을 확인하는 것은 어렵지 않은 일이 됐다. 글로벌 가전 시장을 양분하고 있는 삼성과 LG를 굳이 거론하지 않더라도 발에 채이도록 너무 흔하게 마주치는 한국 관람객들과 매년 혁신상을 휩쓸고 있는 그 많은 강소 기업들이 라스베이거스 곳곳을 누비고 있기 때문이다. 샤피로 회장도 "한국은 가장 혁신적인 국가로 CES에서 중요한 역할을 맡고 있다."고 치켜세웠다.

'2024 CES'에서도 마찬가지였다. 실제로 공식 어워드 파트너인 미국 언론매체 엔가젯이 발표한 총 12개의 최고 제품 가운데 4개를 한국 기업이 차지했다. 삼성전자의 액자 형태의 맞춤형 스피커 '삼성 뮤직프레임'과 반려 로봇 '발리', LG전자의 세계 최초 무선 투명 올레드 TV인 'LG 시그니처 올레드T', 기아의 'PBV(Platform Beyond Vehicle, 목적 기반 이동수단)'가 그 주인공이다.

CTA가 4,300여 개 참가 기업을 대상으로 선정한 313개 혁신 기업 중 한국 기업은 46%(134개)에 달했다. 27개 최고 혁신 기업 중 8개도 역시 한국 기업이었다. 코트라(KOTRA·대한무역투자진흥공사)가 지방자치단체와 유관기관, 대학교 등과 설치한 한국 기업 전용관인 '통합한국관'도 역대 최대 규모를 자랑했다. 관련업계 안팎에서는 "한국이 CES를 먹여 살리고 있다"는 얘기가 공공연히 나돌 정도다.

변방에서 중심으로 힘받는 모빌리티

CES를 둘러싼 유의미한 변화들 중에서 단연 눈에 띄는 점은 '모빌리티(Mobility)'의 무한 확장성이다. 일찌감치 많은 자동차 제조사들이 CES의 문을 두드리면서 'C'를 자동차(Car)로 바꿔 '카 쇼(Car Show)'로 불러야 하는 것 아니냐는 말까지 나왔지만 모빌리티는 언제나 'IT·가전'에 밀려왔던 것이 사실이다. 하지만 코로나 사태 이후 비대면 행사로 전환된 모터쇼마저 주춤하면서 CES 전시는 참여 기업의 20% 안팎을 차지할 만큼 모빌리티 업계의 뉴노멀이 돼버렸다.

'2024 CES'의 간판도 'AI'를 전면에 내걸었지만, 미래 잠재력 측면에서 보면 도로와 바퀴를 벗어나 하늘과 바다, 우주로 접점을 넓히는 모빌리티의 혁신은 큰 주목을 받았다.

현대차그룹의 자율주행 소프트웨어 업체인 포티투닷과 삼성그룹의 협력이 이런 CES 흐름을 읽을 수 있는 대표적인 사례다. 앞으로 포티투닷은 삼성전자의 전장용 프로세서 '엑시노스 오토'를 활용해 AI 기반 SDV(소프트웨어 기반 이동수단) 플랫폼 개발에 나서게 된다. SDV는 최적의 성능을 발휘하도록 지속적으로 업데이트되는 스마트폰과 마찬가지로 소프트웨어를 중심으로 정의되는 차량을 말한다. 포티투닷(42dot)이 자동차 개념으로 제시한 'AI 머신(스스로 배우고 개선하는 기계)'을 구현하기 위한 수단인 셈이다.

SDV로 전환되면 하드웨어와 소프트웨어 플랫폼이 통합되면서 자동차 양산 과정과 속도를 획기적으로 단축하고, 소비자 편의성을 높이는 데다 방대한 데이터와 AI 기술을 통해 사용자 의도를 파악하는 것도 가능해진다.

이미 모빌리티로 무게 중심이 옮겨가는 산업계 트렌드는 곳곳에서 찾아볼 수 있다. 그중에서도 2023년 9월 독일 뮌헨에서 열린 'IAA 모빌리티'에 출사표를 던진 삼성의 행보는 여러 가지 측면에서 의미심장하다. 'IAA 모빌리티'는 세계 4대 모터쇼로 꼽히는 '프랑크푸르트 모터쇼'가 이름을 바꿔 단 행사다.

내연기관 기반의 전통 제조업을 넘어 이동성(모빌리티)이 핵심인 자동차 산업의 미래를 제시하고 이끌겠다는 의지가 담긴 만큼 CES와 차별화를 이뤄낼지가 관건이다. 삼성이 전자(반도체)·디스플레이(올레드·OLED)·SDI(배터리) 등 차량에 들어가는 전자장비(전장) 관련 주요 3사와 함께 사상 처음으로 모터쇼에 부스를 차린 것 자체가 모빌리티 산업의 존재감을 그대로 드러낸 사건(?)이다.

현대차 운명 걸린 MOT 빅뱅의 서막

이 모든 것이 결국 산업계의 패러다임이 'MOT(사물이동성)'로 갈아타는 시점이 임박했다는 결론을 가리키고 있다. 'IT · 가전'이 아닌 플랫폼화된 모빌리티 기술로 세상을 연결하는 '지각변동의 시간'이 얼마 남지 않았다는 얘기다.

현대차를 비롯해 삼성·LG·SK로 대표되는 제조업 강국 대한민국의 4대 그룹과 관련 생태계를 구성하는 모든 기업들이 최대 수혜자가 될 전망이다. 무엇보다 글로벌 모빌리티 시장에서 고군분투 하고 있는 현대차에 대한 기대가 클 수밖에 없다. MoT 시대는 분명 그간 '패스트 무버'에 머물렀던 현대차가 삼성처럼 '퍼스트 무버'로 퀀텀점프(대도약)하는 계기가 될 수 있을 것이다.

'2024 CES'는 현대차의 모빌리티 1등 기업의 가능성을 확인하기에 충분한 자리였다. 그룹 차원의 역량이 담긴 미래 기술을 대거 선보이기 위해 2009년 첫 참가 이후 역대 최대 규모로 전시관(2,010㎡ · 약 607평)을 꾸몄고, 현대차·기아를 포함해 현대모비스, 슈퍼널, 모셔널, 제로원, 포티투닷 등 7개 그룹 계열사가 총출동했다.

그룹사 밸류 체인을 바탕으로 수소 에너지 생태계와 소프트웨어 중심의 대전환(포티투닷)의 비전을 내놨고, 미래항공 모빌리티(AAM)

법인인 슈퍼널이 2028년 상용화를 목표로 개발 중인 'S - A2'라는 eVTOL(전기 수직이착륙기)를 공개해 눈길을 잡아끌기도 했다.

물론 이외에도 자율주행과 전동화, 커넥티드카, 로보틱스, 스마트 시티 등 모빌리티와 연결할 수 있는 모든 첨단 기술을 보유하고 있다는 것은 MoT 최강자로 발돋움하는 데 부족함이 없다고 단언할 수 있다.

역대 최대를 기록한 2023년 실적도 이를 뒷받침하고 있다. 현대차 · 기아 영업이익은 26조 원으로 삼성전자를 제치고 국내 1위로 올라섰다. 매출도 260조 원을 돌파했다.

최근 삼성증권은 2026년에 현대차그룹이 일본 토요타그룹과 독일 폭스바겐그룹을 제치고 글로벌 1위의 완성차 메이커가 될 것으로 예상하는 보고를 내기도 했다.

CES 잡는 MoT 쇼 나온다

글로벌 시장을 흔들 MoT 산업의 도래에 CES 같은 전시 플랫폼도 절실해졌다. 하지만 CES가 시작부터 두각을 나타낸 것은 아니다.

1967년 6월 미국 뉴욕에서 처음 개최됐을 때 참여 기업은 100여 개, 관람객도 1만 7,500여 명에 그쳤다. 이후 1978년부터 1994년까지는 1월에 라스베이거스, 6월에 시카고에서 SCES(Summer Consumer Electronics Show)로 연 2회 열리기도 했지만 SCES의 인기가 사그라

들면서 필라델피아와 올랜도 등으로 장소를 옮겨봤지만 큰 성공을 거두지는 못했다. 그러다 1995년부터 매년 1월 라스베이거스에 정착했고, 2003년 최고의 IT 전시회인 컴덱스가 없어지면서 CES는 세계 최대 IT · 가전쇼로 발전하게 된 것이다.

'넥스트 CES'의 위치를 선점하기 위한 'MOT 글로벌 쇼' 론칭은 이제 제조업과 전시 인프라를 모두 갖춘 대한민국의 몫이다. 시간이 얼마 남지 않았다.

최석환
머니투데이 현 정책사회부장 겸 문화부장. 머니투데이 입사 후 경제부·산업1부·사회부(정책사회부)·증권부 등을 거쳤다. 대한민국을 대표하는 5대 그룹을 중심으로 오랜 기간 재계를 출입하며 산업 이슈를 취재해 왔다. 저서로는 『수소사회 미래에너지 리포트(공저)』 등이 있다.

• 맺는말

세계는 CES에 멈춰 있다. 하지만 CES의 성공은 MICE 산업의 큰 잠재력이 있음을 말해주고 IAA Mobility의 성공은 제3차 산업혁명에서 제4차 산업혁명으로 넘어가는 과도기에 있는 우리 세대가 미래 신기술들을 직접 눈으로 보고 만질 수 있는 MICE 산업에 대한 수요가 앞으로 폭발적으로 증가할 가능성을 말해 준다.

서울은 또한 전시 면적 50만m^2의 '서울국제교류복합지구'의 호재도 있는 수도이다. 그리고 지난 반세기동안 이루어온 경제발전의 결과로 스마트시티, IT, 교통성 부분 1위를 거머쥔 도시이다. 모든 것이 준비되었다.

한국 MICE 산업의 개혁은 이 모든 기회들을 활용하여 지속적인 수익성을 보장해 줄 한국에 특화된 전시 분야의 선점과 내수 시장을 벗어난 비즈니스 네트워크 구축의 역량을 키우고 이 이벤트를 세계적으로 선전할 마케팅의 기획력으로 승부가 날 것이다.

Part

2

한국의 미래는
MoT 글로벌 쇼에
달려 있다

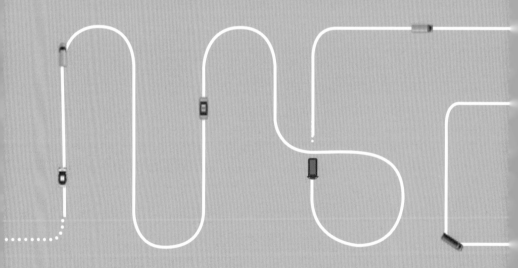

Chapter 1_ 탄소중립과 MoT 산업

Chapter 2_ MoT 글로벌 쇼와 미래

세계는 지금 필연적인 운명 앞에 놓여 있다. 바로 인구 증가와 환경 문제이다. 도시 밀집 인구는 기하급수적으로 늘고 있고 자원은 제한적이며 이로 인해 닥치는 환경적 위기가 바로 인류가 직면하고 있는 필연적인 위기이다. 이에 더해 코로나와 같은 범세계적인 전염병이 다시 한 번 발생한다면 어떨까? 코로나 팬데믹 이후 현금이 전염병을 옮기는 매개체로 대두되면서 현금 없는 사회를 위한 화폐의 디지털화를 시작으로 이렇게 변화하는 현 시대에 풀어야 할 숙제는 환경위기이고 이에 대한 대안으로 모든 기업들은 저탄소/ESG 윤리경영으로 갈 수밖에 없는 것은 인류의 생존이 달린 선택이 아닌 필수이다. 다가오는 미래사회의 변화는 저항할 수도 피할 수도 없다. 때문에 미래의 변화를 미리 준비하는 국가가 미래사회의 먹거리를 선두 쟁취할 것이다.

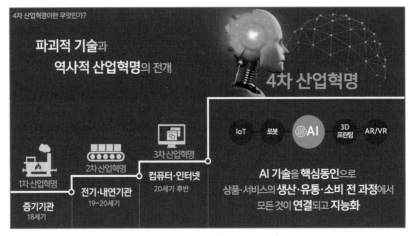

▲ 4차 산업혁명

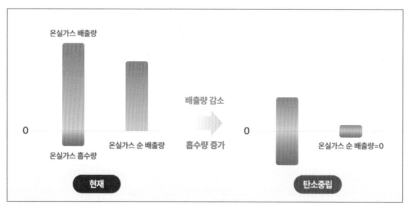

▲ 탄소중립

　이와 같은 배경 때문에 미래 산업은 탄소중립을 중심으로 모든 것이 돌아갈 것이다. 탄소중립이란 인간이 배출한 온실가스에 따른 지구온난화에 대한 기후 위기에 대응하기 위해 기후변화협약(1992년)을 맺고 교토 의정서(1997년)와 파리 협정(2015년) 채택을 통해 지구 평균 기온 상승 억제를 논의해 온 것이 그 추진 배경이다. 대기 중 온실가스 농도 증가를 막기 위해 인간 활동에 의한 배출량을 감소시키고 흡수량을 증대하여 순배출량이 '0'이 되는 것을 탄소중립 혹은 '넷제로(Net-Zero)'라고 정의한다.

　산업화 이후 현재까지 기후 변화가 지속되었음에도 그 영향이 급격히 나타나지 않은 이유는 지구 시스템을 구성하는 다양한 요소가 기후 변화 영향을 완충하였기 때문이다. 하지만 기후 변화로 인해

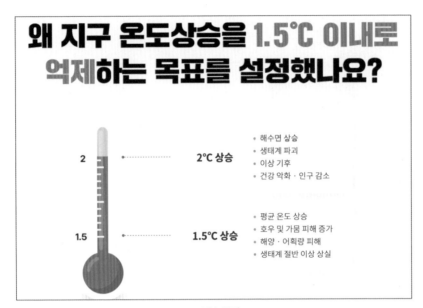

▲ 탄소중립

기존 지구시스템의 상호작용 방식이 급변하여 기후 위기가 시작됐고 이에 기후 저지선 1.5도를 설정하게 되었다. 기후 저지선이란 인류 생존 및 생태계 보전을 담보하기 위해 넘지 말아야 할 최후의 한 계선을 뜻한다.

Chapter 1

탄소중립과 MoT 산업

이러한 범세계적인 탄소중립 목표로 인하여 4차 산업혁명은 천지가 개벽할 만큼의 변화를 자처하는 미래 산업의 트리거가 되었다. 아래는 앞으로 어떻게 MoT 산업들이 탄소중립이라는 의제를 중심으로 발전될지 아래의 대표적인 5개의 산업 분야들을 예를 들어 보겠다.

- 탄소중립과 MaaS
- 탄소중립과 스마트시티
- 탄소중립과 신재생에너지
- 탄소중립과 메타버스
- 탄소중립과 ESG 경영

1. 탄소중립과 MaaS

"자율주행차와 MaaS가 전 세계 차량의 97%를 없앨 것"

자율주행차의 상용화는 단순히 기술혁신성에 있지 않다. 자율주행차 상용화의 배후는 바로 저탄소 정책에 있다. 미국 신기술 부문 연구소 ReThinkX는 2030년이면 미국 시민 95%가 주문에 따라 호출되는 온-디맨드 자율주행 전기차로 이동할 것으로 전망했으며 이로 인해 차량 수요가 급격하게 격감해 2030년까지 완성차 업체 수익의 80% 가량이 감소될 것이라고 전망했다. 이 새로운 사회적 현상으로 인해 개척된 새로운 시장이 바로 MaaS(Mobility as a Service)이다.

MaaS는 교통 수단을 하나의 통합된 서비스로 제공하는 것으로 차량을 더 이상 소유의 개념이 아닌 공유의 개념으로 바꾸는 것이다. 이를 통해 얻을 수 있는 환경적인 이점은 바로 자동차량의 수를 대폭 감축시킴으로서 탄소 감축을 달성하는 것이다. 자율주행차를 통한 MaaS의 부가적인 이점들은 주요 도심 지역들의 주차공간 확보, 교통사고 공공안전 비용 절감 등이 있지만 주요 의제는 바로 탄소 감축에 있다.

한 예를 들겠다. 상하이는 생태환경국과 교통위원회는 지난 12일 '상하이 탄소 줄이기 녹색 프로젝트'를 공동 발표하며 상하이 시민

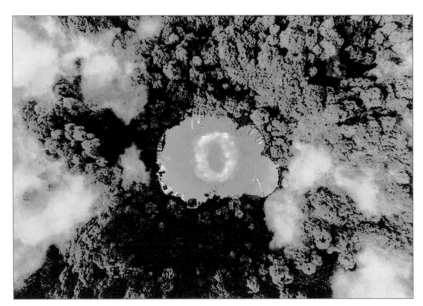

▲ Shanghai Electric의 'Go! 0 carbon Walker' 캠페인

들은 버스, 지하철, 자전거와 같은 녹색 이동 수단 이용을 통해 개
인 배출량을 감소시키며 시민 개개인의 탄소 배출권 조회 및 소비
를 위해 개인 탄소 계정을 만들 계획을 발표했다. 이 녹색 탄소 프
로젝트는 상하이 교통 산업의 디지털 전환의 주요 시나리오인 '모
빌리티 서비스(MaaS) 시스템' 구축의 중요한 부분이며 교통 분야에
서 도시 디지털 전환의 중요한 구현이라고 발표했다. 즉 MaaS 개
념은 녹색 모빌리티의 저탄소화를 촉진하고 데이터 기반과 서비스
포털을 기반으로 데이터 융합의 장점을 최대한 활용하는 것이다.
이는 개인 탄소 계정 감축량을 탄소포인트로 환산하여 권익 소비를
도모하는 전략에서 엿볼 수 있다. 이 상하이 탄소 줄이기 녹색 프로

젝트의 개인 탄소 계정을 통한 교통 수단 통제 정책은 그만큼 환경 위기에 대해 얼마나 심각하게 세계사회가 접근하여 구현해 내려는 지를 보여주고 있다.

국제교통 포럼에서 리스본을 대상으로 한 연구에 따르면 MaaS 형태의 서비스가 보편화되었을 때, 현재 존재하는 전체 자동차 수의 3%만으로 충분히 교통 수요를 충족시킬 수 있다고 발표했다. 다시 말하면 지금 지구상에 존재하는 약 14억 7,000만 대의 차량의 97% 가 도로상에서 사라지며 교통량이 크게 줄어들어 이산화탄소 배출을 지금의 37% 감소시키고, 도시 주차 공간의 상당 부분을 다른 용도 로 활용할 수 있을 것이라 예측, 기대할 수 있다.

자율주행차 산업은 기술적인 측면을 넘어 탄소중립이라는 환경의 제를 위한 수단이라는 점을 통찰해 본다면 자율주행차 산업은 공유 교통 체계를 위한 전통적인 자동차 제조업의 불가피한 대체 산업이 될 것이다.

2. 탄소중립과 스마트시티

세계적인 화두인 기후 변화의 위기 속에서 세계는 지금 '탄소 없 는 스마트시티' 경쟁 중이다. 탄소중립의 혁신 사안 중 하나는 스마

▲ Climate Ambition Alliance

트시티이다. 도시는 글로벌 인구의 50%를 수용하고, GDP 중 80%, 에너지 소비 중 2/3, 탄소 배출 중 70%를 차지하고 있으며, 2050년까지 세계 인구의 70% 이상이 도시에 살 것으로 전망됨에 따라 스마트시티의 구축의 중요성이 커지고 있다. 이러한 이유 때문에 인구 밀도가 높은 도시에서 스마트시티를 통해 교통과 냉난방에 필요한 에너지 소비를 줄일 수 있으며 높은 소득과 정부 예산을 바탕으로 필요 시설과 서비스를 제공할 역량을 가지고 있다.

세계 각국의 스마트시티 사례를 보면, 스마트시티 구축은 각종 도시 비용을 30% 이상 절감하고 생산성을 20% 이상 높이는 효과가 있었다. 이와 함께 투자 수익율 증가와 도시 가치 상승, 범죄율 감소, 고용 증대 효과 등의 부대 효과도 거둘 수 있었던 것으로 나타났다. 지속가능한 탄소중립 스마트시티 사례들을 살펴보며 어떻게 스마트시티가 탄소중립에 기여하는지 살펴보자.

1) 마스다르 사례

마스다르는 아부다비 국제공항 길목에 위치한 사막 지역으로 인구 5만 명의 7km²의 크기이다. 마스다르 스마트시티는 2008년부터 스마트시티 사업이 시작되어 2023년 완공되었다. 개발 배경 및 목적은 온실가스, 탄소와 쓰레기, 자동차가 없는 친환경 도시를 표방하여 세계 최초, 최대 규모의 실질적인 탄소중립 신도시 개발이다. 탄소 저감 전략은 기존의 화석 연료, 전통적 건축물 디자인, 쓰레기 매립까지 스마트시티 체계를 통하여 재생에너지, 에너지 효율 디자인, 폐기물 재활용, 재생에너지 교통수단, 탄소 저장을 통하여 건물 디자인을 통해서는 탄소를 56% 줄이고 재생 에너지 생산을 통하여는 24%, 태양에너지 교통을 통하여 7%, 폐기물 에너지를 통하여 12%, 탄소 저장을 통하여 1%의 탄소를 감소하여 넷제로 탄소를 성취할 수 있다.

- 도시 계획 전략
  - 지하 공간을 활용한 건축계획: 자연채광은 가능하나 태양열은 차단
  - 공공건물과 주책 지붕을 이용한 태양열 패널 적용: 차열 효과, 도시 공간의 그늘 제공 역할 포함
  - 전통적인 방식의 환기탑을 건축물에 반영: 거리의 더운 공기 방출 차단

◆ 소방 분야

강좌명	수강료	학습일	강사
소방기술사 1차 대비반	620,000원	365일	유창범
[쌍기사 평생연장반] 소방설비기사 전기 x 기계 동시 대비	549,000원	합격할 때까지	공하성
소방설비기사 필기+실기+기출문제풀이	370,000원	170일	공하성
소방설비기사 필기	180,000원	100일	공하성
소방설비기사 실기 이론+기출문제풀이	280,000원	180일	공하성
소방설비산업기사 필기+실기	280,000원	130일	공하성
소방설비산업기사 필기	130,000원	100일	공하성
소방설비산업기사 실기+기출문제풀이	200,000원	100일	공하성
소방시설관리사 1차+2차 대비 평생연장반	850,000원	합격할 때까지	공하성
소방공무원 소방관계법규 문제풀이	89,000원	60일	공하성
화재감식평가기기사·산업기사	240,000원	120일	김인범

◆ 위험물 · 화학 분야

강좌명	수강료	학습일	강사
위험물기능장 필기+실기	280,000원	180일	현성호,박병호
위험물산업기사 필기+실기	245,000원	150일	박수경
위험물산업기사 필기+실기[대학생 패스]	270,000원	최대4년	현성호
위험물산업기사 필기+실기+과년도	350,000원	180일	현성호
위험물기능사 필기+실기[프리패스]	270,000원	365일	현성호
화학분석기사 필기+실기 1트 완성반	310,000원	240일	박수경
화학분석기사 실기(필답형+작업형)	200,000원	60일	박수경
화학분석기능사 실기(필답형+작업형)	80,000원	60일	박수경

▲ 개발 전 마스다르 사막

Hopefully this is the result in 2030

▲ 스마트시티

▲ 마스다르 건축 계획

- 교통 전략

- 보행거리 : 150m
- 자전거 : Segway, 500m
- 보행자 중심 도시 디자인
- 기존의 차량은 도시 안으로 진입할 수 없으며 PRT (Personal Rapid Transit) 자율 주행 택시가 이동수단
- 내연기관을 이용하는 자동차는 도시 내 운행 금지
- 주차장은 도시 외곽에 배치

▲ 세그웨이 자전거

- 제로웨이스트 전략

- 쓰레기는 100% 전량 수집되어 분류
- 재활용 50%, 폐기물 에너지 33%, 퇴비화 17%

2) 하마비 사례

두 번째 사례는 스웨덴의 하마비 지역이다. 하마비는 공장 지대로 1차 세계대전 이후 발틱해와 연결된 위치로 인해 급속한 산업화가 진행되었다. 이후 제조업이 쇠퇴하면서 육상에는 각종 산업폐기물이 쌓이고 강은 중금속으로 오염되었다. 정부는 하마비 주변 계획을 수립하여 오염된 토양 제거, 지역의 입주 기업들을 이전한 후 '호수에 둘러싸인 도시'라는 뜻의 '하마비 허스타드'로 공식 명칭을 바꾸었다. '하마비 모델'은 에너지 쓰레기, 물관리에 관련된 자체 고유의 도시개발 모델로 핵심은 바이오가스 등 재생에너지를 기반으로 한 에너지 순환 시스템이다.

쓰레기 처리를 위한 집하시설은 지하에 쓰레기 진공 흡입관이 매설되었고 유인송풍기의 진공력에 의해 쓰레기를 반송한 후 선별,

▲ 하마비의 쓰레기 처리를 위한 집하 시설

▲ 에너지의 재생을 실현하는 하마비의 오수 처리 시스템

압축하여 반출하는 역할을 수행한다. 일반 가정에서 쓰레기 투입을 위한 장치는 옥외와 옥내에 설치되어 있는데 음식물 쓰레기 투입구는 건물 내부 각 층별 또는 1층에 위치하고 있고 종이 등 재활용품 쓰레기 투입구는 건물 외부에 배치되어 있다.

하마비의 에너지의 재생을 실현하는 오수 처리 시스템은 폐기물을 태울 때 발생하는 열 이외 폐수 처리 시 발생하는 바이오가스를 사용하여 난방을 실시한다. 오수 처리 시설의 부하를 줄이기 위해 도로 및 지붕에서 흘러나오는 지표수를 처리하도록 우수 통로를 설치하여 호수로 유입한다.

또한 하마비에는 대체 에너지 생산 관련 인프라와 건축물이 배치되어 있으며 태양열을 이용한 태양열 수집 패널을 적용하여 개별

▲ 환경 인포메이션 센터와 heat panel을 지붕에 설치한 아파트

건축물 난방으로 사용한다.

이렇게 스마트시티는 수익성을 발생하기 위한 신산업이라기보다는 도시 밀집인구의 탄소중립 상생을 위해 토지부터 건축, 교통, 폐기물 처리, 에너지 순환까지 전부 고려한 도시 개발 프로젝트이고 이 스마트시티에서 운송수단을 차지하는 부문이 MoT 산업이다.

3. 탄소중립과 신재생에너지

신재생에너지가 중요한 이유는 화석 연료의 고갈로 인한 자원 확보 경쟁 및 고유가의 지속 등으로 에너지 공급 방식의 다양화가 필요하며 기후변화협약 등 환경 규제에 대응하기 위한 청정 에너지

비중 확대의 중요성이 증대하고 있다. 이로 인하여 신재생에너지산업은 IT, BT, NT 산업과 더불어 차세대 산업으로 시장규모가 급격히 팽창하고 있는 중요한 미래 산업이다.

신재생에너지의 정의(「신에너지 및 재생에너지 개발·이용·보급촉진법」 제2조)
기존의 화석연료를 변환시켜 이용하거나 햇빛·물·지열·강수·생물유기체 등을 포함하여 재생 가능한 에너지를 변환시켜 이용하는 에너지

신에너지	연료전지, 수소, 석탄액화·가스화 및 중질잔사유 가스화
재생에너지	태양광, 태양열, 바이오, 풍력, 수력, 해양, 폐기물, 지열

▲ 신재생에너지(재생에너지＋신에너지)

2050 탄소중립을 위해 전 세계는 친환경 에너지 자원인 '바이오매스'를 이용해 생산된 연료로 화석 연료를 대체하기 위해 노력 중이다(바이오매스: 태양에너지를 받은 식물과 미생물의 광합성에 의해 생성되는 식물체, 균체와 이를 먹고 살아가는 동물체를 포함하는 생물유기를 뜻한다.). 전 세계 130개국 이상이 선언한 '2050 탄소중립' 구현을 위한 중간 단계로, 지난해 주요국들은 2030년 국가 온실가스 감축목표(NDC)를 상향했다.

태양광	태양광 발전은 태양의 빛 에너지를 변환시켜 전기를 생산하는 발전기술로 햇빛을 받으면 광전효과에 의해 전기를 발생하는 태양전지를 이용한다. 태양광 발전시스템은 태양전지(Solar cell)로 구성된 모듈(Module) 고축전지 및 전력 변환장치로 구성되어 있다.
바이오	바이오매스를 직접 또는 생·화학적, 물리적 변환과정을 통해 액체, 가스, 고체연료나 전기·열에너지 형태로 이용하는 화학, 생물, 연소공학 등의 기술을 일컫는다. • 바이오매스: 태양에너지를 받은 식물과 미생물의 광합성에 의해 생성되는 식물체, 균체와 이를 먹고 살아가는 동물체를 포함하는 생물유기를 뜻한다.
풍력	바람의 힘을 회전력으로 전환시켜 발생되는 전력을 전력 계통이나 수요자에게 공급하는 기술로 바람이 있는 곳은 어디서나 전력 생산이 가능하고, 설치가 용이하며, 가격이 저렴하여 미래의 에너지 산업으로 각광받고 있으며 바람이 가진 에너지를 흡수, 변환하는 운동량 변환장치, 동력전달장치, 동력변환장치, 제어장치 등으로 구성되어 있다.
해양	해양에너지는 해양의 조수·파도·해류·온도차 등을 변환시켜 전기 또는 열을 생산하는 기술로써 전기를 생산하는 방식에는 조력·파력·조류·온도차 발전 등이 있다.
수력	수력발전은 물의 유동 및 위치에너지를 이용하는 기술로 2005년 이전에는 시설용량 10MW 이하를 소수력으로 규정하였으나 법 개정으로 수력 전체를 신재생에너지로 정의하고 있다.
지열	지열 에너지는 물, 지하수 및 지하의 열 등의 온도차를 이용하여 냉·난방에 활용하는 기술로 태양열의 약47%가 지표면을 통해 지하에 저장되며, 이렇게 태양열을 흡수한 땅속의 온도는 지형에 따라 다르지만 지표면 가까운 땅속의 온도는 개략 10~20℃ 정도, 심부(지중 1~2km)는 80℃를 유지하므로 이를 활용하여 냉난방시스템에 이용하거나, 발전을 하게 된다.
폐기물	폐기물을 변환시켜 연료 및 에너지를 생산하는 기술로 사업장 또는 가정에서 열 분해에 의한 오일화 기술, 성형 고체연료의 제조기술, 가스화에 의한 가연성 가스 제조기술 및 소각에 의한 열회수 기술 등의 가공·처리 방법을 통해 고체연료, 액체연료, 가스연료, 폐열 등을 생산하고, 이를 산업 생산 활동에 필요한 에너지로 이용될 수 있도록 한 재생에너지이다.

▲ 재생에너지 종류 및 특성

우리나라는 2030년까지 온실가스 배출량을 2018년 대비 40% 감축하는 것이 목표이다. 이 목표를 달성하기 위한 답은 신·재생에너지에 있다.

수소	수소 에너지는 무한정인 물 또는 유기물질을 변환하는 등의 다양한 방법을 통해 수소를 생산하여 활용하는 기술로, 수소 생산, 저장, 응용, 안전 대책 등 많은 기술 개발이 필요한 분야로 에너지의 패러다임을 바꿀 수 있는 미래 수소시대에 대비한 신재생에너지 분야라 할 수 있다.
연료 전지	연료 전지는 수소(천연가스, 메탄올, 석탄, 바이오매스)와 산소의 화학에너지를 전기화학 반응에 의해 전기 에너지로 직접 변환하는 발전 장치로 열을 동시에 생산하는 기술이며, 발전 효율이 30~40%, 열 효율이 40% 이상으로 70~80%의 효율을 갖는 신기술 장치이다.

▲ 신에너지 종류 및 특성

국가 온실가스 인벤토리에 따르면 2018년 배출한 온실가스의 이산화탄소(CO_2) 배출량 환산치는 7억 2,760만 톤이나 된다. 에너지 부문의 온실가스 배출량이 87%로 가장 큰 비중을 차지하고 이 중 화석 연료가 83% 이상을 차지하기 때문에, 탄소중립을 위해서는 에너지 분야 탈탄소화가 급선무다. 다음으로 어쩔 수 없이 배출한 이산화탄소를 회수하고 자원을 효율적으로 활용하기 위한 순환 경제 체계구축이 필요하다. 이는 화석 연료 기반의 고도의 탄소 의존 사회를 무탄소 사회로 전환하는 에너지 시스템의 변혁을 의미하며, 우선 온실가스를 배출하지 않는 무탄소 전력을 최대한 활용하면서 에너지 수급체계를 더욱 전력화하고 통합하는 것이 중요하다. 운송 부문에서는 전기차 사용을 늘리되, 전력 공급이 어려운 운송수단에 대해서는 수소, 바이오매스 등 청정 연료를 사용해야 한다.

결국 MoT 산업의 에너지원인 수소와 2차 전지 산업 또한 한정적인 자원과 기후 위기로 인한 화석 연료를 대체하기 위한 범세계적인 기후 변화 협약과 환경 규제들에 대한 방안으로 생겨난 새로

▲ 대한민국 탄소중립 비전 선언

운 비즈니스 파이인 것이다. 운송 수단의 탈탄소화는 선택이 아니라 지속가능한 미래를 위한 사회적인 의무가 될 것이며 현재 전통적인 모빌리티 산업이 탈탄소화로 전환을 하지 않는다면 변화하는 시대의 니즈에 대응하지 못해 외면당할 것이다. 이 때문에 세계적인 모빌리티 기업들이 전기차와 수소차 등 신모빌리티를 위해 2차 전지와 수소에너지에 막대한 투자를 하며 미래를 준비하고 있는 것이다. 특히 한국의 수소 차는 전 세계 시장 점유율 58%를 차지하고 있으며 한국의 2차 전지 산업은 삼성, SK, LG 3사가 세계 시장 34%를 석권하고 있다. 수소 생산 부분에서도 현재 그레이 수소가 대부분을 차지하고 있는 현국(現局)이지만 지속적인 연구를 통해 그린 수소로 가는 방향이다. 결국 위기는 새로운 비즈니스의 기회가 되고 피하고 저항할 수 없는 위기라면 그 위기를 위해 능동적으로 대안책을 준비하는 국가가 가장 큰 이득을 쟁취할 것이다.

4. 탄소중립과 메타버스

"메타버스는 탄소 배출량을 29% 감소시킬 것"

메타버스가 앞당긴 원격근무는 근무 풍경을 바꿀 뿐만 아니라 실제로 환경적으로 큰 영향을 미친 것으로 나타났다. 회사 직원들의 출퇴근 이동량이 감소하면서 탄소 배출까지 줄어든 것이다. 팬데믹 이후 일상적 업무 방식으로 자리잡은 원격근무는 코로나19 엔데믹에도 이어지고 있다. 아바타를 활용한 메타버스 오피스는 단순 화상회의를 통한 원격근무의 단점을 보완하면서 일하는 방식을 변화시켰다. 이런 변화는 사회적·환경적 비용 절감으로 이어질 수 있다. 다수의 구성원이 출퇴근하지 않고 노트북만 켜면 어디서든 업무를 볼 수 있게 되면서 이동량이 크게 줄었다. 이는 탄소 배출 감소까지 이어진 것으로 나타났다.

세일즈포스의 '세계 어디에서나 근무할 수 있는 탈탄소화' 보고서에서는 "원격근무 모델은 직원당 탄소 배출량을 29% 감소시킬 것"이라고 말했다. 여기엔 직원들이 가정에서 사용하는 에너지까지 포함한 수치다. 재택근무에 따라 집에서의 탄소 배출량은 증가하나, 사무실 및 출퇴근으로 배출되는 것과 비교해 감소 효과가 더 크다는 것이다.

이에 따라 정부도 국가 차원에서 메타버스 산업을 키우겠다고 밝혔다. 환경부는 지난해 정부 부처와 합동으로 '한국판 뉴딜, 탄소중립'을 주제로 2022년 업무계획을 발표하며 메타버스, 6G, 양자 연구 생태계 조성 등 초연결 신산업과 국가 필수 전략 기술을 안정적으로 성장시켜 세계와의 경쟁에 나서겠다고 말했다. 실제로 코로나19로 탄소 배출량이 11% 감소한 것으로 보고되었다.

글로벌 빅테크들도 이런 흐름을 타고 메타버스를 구동하는 데이터 센터의 탄소를 줄이기 위한 조치에 적극 나서고 있다. 모건 스탠리 보고서는 메타버스 서비스로 플랫폼을 전환하는 아마존이 탄소 배출량을 88% 정도 줄일 가능성이 높다고 전망했다. 아마존은 환경 문제에 적극 대처하기 위해 77% 더 적은 서버, 84% 더 적은 전력, 28% 더 깨끗한 태양광과 풍력의 혼합해 사용하고 있다. 또한 AWS는 데이터 센터를 냉각하기 위해 식수를 적게 사용하기 위한 여러 이니셔티브를 진행하고 있다.

메타버스에 공 들이고 있는 구글(Google)도 모든 데이터 센터가

2030년까지 탄소가 없는 전기로 지속적으로 운영될 것이라고 약속했다. 마이크로소프트(Microsoft)는 데이터 센터 발전기에서 디젤 사용을 포기하는 것을 포함하여 '탄소 네거티브'가 목표다. 글로벌 빅테크들은 재생 에너지만을 사용하여 모든 업무하고자 하는 청사진을 잇따라 내놓고 있다.

메타버스가 향후 차세대 SNS, 스트리밍, 게임 플랫폼으로 자리잡을 것이란 전망이 잇따라 나오고 있다. 모건 스탠리 브라이언 노왁 분석가는 "현재의 디지털 플랫폼들과 마찬가지로, 메타버스가 광고 플랫폼의 역할은 물론 오프라인 소비를 촉진하는 전자상거래 플랫폼으로 작동할 수 있다"고 설명했다. 보고서는 메타버스 시장을 선도할 기업으로 메타(페이스북), 로블록스, 구글, 스냅, 유니티 소프트웨어 등을 꼽았다.

또한 스위스 다보스에서 개최된 세계경제포럼(WEF)에서 경제 동향과 글로벌 리스크에 대해 집중적인 논의가 있었다. 의제중 특히 강조한 것이 전세계의 기후위기와 ESG · 메타버스였다. 글로벌 지속 가능한 투자연합(GSIA, Global Sustainable Investment Alliance)의 보고서에 따르면 ESG와 관련된 투자는 총 35조 달러로 전 세계가 투자하는 금액 중에 3분의 1 이상을 차지한다고 밝혔다. 다보스에서 다룬 환경 관련 글로벌 의제에는 파리 기후 협정, UN 지속 가능한 개발 목표, 유럽 그린 딜 순환 경제 행동 계획과 중국의 5개년 순환 경제 계획이 포함됐다.

다보스에 모인 글로벌 리더들은 "기후 위기는 분명히 공공 부문과 민간 부문 투자 간의 가장 중요한 위험이자 기회다."라고 한목소리를 냈다. 그들은 "메타버스 기반 크리에이터 경제가 ESG와 지속 가능성에 중점을 둔다면 탄소중립으로 전환할 것이다."라며 "이런 흐름은 타면 상당한 메타버스 투자를 유치로 이어져 시장 점유율을 높이며 기하급수적으로 확대될 수 있다."고 밝혔다. 또한 "강력한 메타버스 가치 기반 ESG 제안과 목적을 가진 조직은 새로운 시장에 진입하고 기존 시장을 더욱 확장할 수 있다."고 강조했다.

한국블록체인협회 하준 부회장은 "메타버스는 기술 측면에서 아직 초기 단계다. 전 세계적으로 영향을 미칠 수 있는 성숙 수준에 도달하는데 수 년이 걸릴 수도 있다."며 "실제로 메타버스는 지구촌 초연결이라는 상호작용 방식에 혁명을 일으킬 것이고, 특히 지구촌을 기후 위기와 ESG 실천을 위한 가장 강력한 플랫폼으로 자리매김할 것이다."라고 밝혔다.

메타버스는 모빌리티 산업도 혁명적으로 개혁하고 있다. 현대자동차는 올해 참가한 CES 2022 전시회를 통해 '메타 모빌리티(Metamobility)'라는 개념을 앞세웠다. 향후 자동차 사업을 메타버스와 연계된 사업으로 확장해 나갈 것이란 비전이다. 메타 모빌리티의 개념은 '로봇이나 스마트 디바이스를 활용한 새로운 차원의 이동 경험을 제공'하고 '인공지능, 자율주행 등 기술을 자동차에 적용해 모빌리티 간 경계를 파괴하는 것'으로 정리된다.

메타 모빌리티의 초점은 '사용자와 장비 간 분리된 이동'에 있다. 기존의 이동 방식은 사용자와 장비가 일체가 돼야만 이동할 수 있었다. 메타 모빌리티에선 사용자가 직접 이동하지 않고 대신 장비(로봇, 드론 등)가 이동하거나 사용자가 이동하되 이동 시간 동안 다른 작업을 할 수 있게 된다.

메타 모빌리티 서비스는 특정 사용자를 대상으로 하는 가상의 3차원(3D) 공간이 아니라 현실적인 디지털 트윈 서비스 시장부터 경험이 확대될 것으로 보인다. 디지털 트윈 서비스란 현실 세계의 물체를 가상 세계에 동일하게 구현한 것을 말한다. 이는 통신 기술로 연동돼 서로 영향을 주고받는 게 디지털 트윈 서비스의 핵심이다.

메타 모빌리티 시장은 현실정보 기반의 지리정보체계(GIS) 정보와 위치 정보, 추가적인 공간정보가 반영된 디지털 트윈 공간부터 시작돼 점차 확장될 것이다. 메타버스는 통상 디지털 트윈보다 더 넓은 개념이다. 특정 장소, 설비만이 아니라 사람과 환경 등 모든 것을 가상 세계에 재현한 것이 메타버스라면 디지털 트윈(digital twin: 현실세계의 기계나 장비, 사물 등을 컴퓨터 속 가상세계에 구현한 것)은 메타버스 세계를 구축하기 위한 지도인 셈이다.

현실에서 보이는 실외 공간뿐만 아니라 병원, 백화점, 지하 주차 공간 등 실제 공간에 증강현실(AR)의 정보와 콘텐츠를 결합하는 디지털 트윈으로 사용자가 필요로 하는 정보를 얻게 되는 것이다. 또한 이동하고자 하는 목적지를 안내 받고 재난 현장에서 사람이 접근하기 어려운 환경에 로봇 등을 활용해서 상황을 파악하고 구난 활동을 펼치게 되는 일련의 기술이 메타 모빌리티이다.

이러한 서비스를 완성하기 위해선 지하나 건물의 실내 공간 같은 음영 지역에서의 위치를 파악할 수 있는 측위 기술, 현실 공간 정보 기반의 가상 공간을 빠르고 쉽게 만들 수 있는 기술의 발전 동반이 필수적이다. 세계적으로 디지털 트윈 기술을 위한 연구개발은 가속되고 있다. 대표적인 글로벌 기업으로는 공간 데이터 회사 매터포트(Matterport)로, 현재 기업 가치만 해도 2조 4,000억 원에 달한다. 엔비디아, 유니티 등도 뒤를 잇고 있다. 국내 기업으로는 일본 내비게이션 사업을 시작으로 20여 년 동안 GIS 사업부터 메타 모빌리티 플랫폼 사업을 추진하고 있는 지오소프트가 있다. 지오소프트는 디지털 지도, 실내외 측위 기술을 보유한 국내 유일한 선두 기업이다.

최근 병원, 대학교, 프랜차이즈, 국토 디지털 지도 구축 정부 과제 추진 등 디지털 트윈 서비스를 넘어 메타 모빌리티 플랫폼 서비스 개척을 선도하고 있다. 메타버스 세계는 결국 우리가 가야 할 미래다. 그 미래는 우리의 실생활과 근접한 영역으로부터 시작될 것이다.

5. 탄소중립과 ESG 경영

과거에는 기업을 평가함에 있어서 '얼마를 투자해서, 얼마를 벌었는가?' 중심으로 '재무적'인 정량 지표가 기준이었다. 그러나 기후 변화 등 최근 기업이 사회에 미치는 영향력이 증가하며 '비재무적'인 지표가 기업의 실질적인 가치 평가에 있어서 더 중요할 수 있다는 인식이 늘어나고 있다. 기업의 사회적 책임에 대한 담론이 형성되며, 투자자와 소비자들도 기업을 평가함에 있어 재무적 가치가 아닌 비재무적 가치를 중시하고 있다.

▲ ESG

UN PRI	투자 의사 결정에 대한 사실을 파악하여 리스크를 보다 효율적으로 관리하고 지속 가능한 장기 수익을 창출한다.
Chartered Financial Analyst(CFA) institute	투자자들은 기업 행동의 맥락에서 고려하고 있다. 종종 이러한 ESG 이슈는 본질적으로 비재무적이거나 정량화할 수 없는 것으로 간주되어 왔으며 기업에 미치는 영향에 있어 중장기적인 관점에서 볼 수 있다.
Sustainable Stock Exchange Initiative	기업의 비즈니스 전략 실행 및 가치 창출 능력에 영향을 미칠 수 있는 광범위한 환경, 사회 및 거버넌스 고려 사항
Nasdaq	장기적으로 기업의 비즈니스 전략 실행 및 가치 창출 능력에 영향을 미칠 수 있는 광범위한 환경, 사회 및 기업 지배 구조 고려 사항
London Stock Exchange Group	ESG 활동과 관련된 전략이나 프로그램을 참조할 수 있는 지속가능성, 기업의 책임 또는 기업의 사회적 책임
Toronto Stock Exchange	조직의 성과에 영향을 미칠 수 있는 세 가지 요소, 따라서 조직의 가치에 영향을 미칠 수 있는 세 가지 요소
Robeco SAM	기업과 국가의 지속가능성을 얼마나 발전시켰는지 평가하는 요소

▲ 세계 기관별 ESG 정의

이렇듯 ESG의 정의는 어떠한 관점으로 보는가에 따라 조금씩 차이가 있겠지만 핵심적인 메시지는 기업의 가치가 '재무'에서 '윤리'로 옮겨져 간다는 데에 있다. 세계적인 기업들은 산업은 다를지라도 ESG 경영으로 방향을 틀어 새로운 비즈니스 가치를 창출해 내고 있다.

결국 MoT 산업도 바로 이러한 범세계적 기업 방향성이 만들어 낸 새로운 블루오션인 것이다. 인류는 지금까지 수많은 위기에 종착해 왔지만 위기를 기회로 만들어오며 발전해 왔다. MoT 산업은 미래의 기회를 미리 내다보고 기회로 만드는 기술들이 융복합된 산업의 결정체인 것이다.

	MoT 산업분류	MoT 산업분야	한국 시장규모	CAGR	글로벌 시장규모	CAGR
1	H/W 완제품	자율주행차	USD 113M 1,509억 원	40%	USD 147.54B 220조 3,993억 원	40.43%
2		로봇	USD 4.2B 5조 6,000억 원	2.5%	USD 72.17B 94조 원	14.7%
3		드론	USD 631M 8,406억 원	1.7%	USD 23B 30조 5,662억 원	13.8%
4	부품	ADAS센서	USD 1,265M 1.7조 원	13.6%	USD 27B 36조 원	11.9%
5		반도체	USD 107B 142조 원	19.3%	USD 604B 804조 원	49.3%
6	S/W	인공지능	USD 2,070M 2조 7,683억 원	25.44%	USD 58.1B 78조 원	39.7%
7		사물인터넷	USD 14B 18조 6,904억 원	14.5%	USD 1,193B 1,589조 원	23.46%
8		정보통신	USD 420.6B 560조 원	5.1%	USD 8851.41B 1경 원	8.2%
9	신에너지	2차 전지	USD 17B 23조 3,000억 원	20%	USD 121B 161조 원	15.8%
10		수소	USD 8.3M 11조 원	21%	USD 222B 286조 원	58%
11	인프라	스마트시티	USD 113.5B 151조 원	29.3%	USD 678B 902.3조 원	20.6%

▲ MoT 구성 산업 분류별 시장 규모

　그러면 단순히 기후 변화라는 위기를 극복하기 위한 '탄소중립'의 방안으로서의 MoT 산업의 '비재무적' 가치만이 MoT 글로벌 쇼를 개최해야 하는 이유가 되는 것일까? MoT 산업은 인류의 생존이 걸려 있는 '탄소중립'이라는 비재무적 윤리가치를 충족하기 때문에 그만한 재무적 가치도 따라오게 되는 것이다.

앞서 살펴본 MoT 산업의 대표적인 11가지 산업들의 시장규모를 전부 합해보면 국내 MoT 산업의 시장규모는 최소 813조 1,819억 원이다. 세계 MoT 산업 전체를 포함한다면 최소 약 1,776조 원이다. 이 시장규모는 MoT 산업 중 11개만을 측정한 값이며 전체 산업들의 규모를 합한다면 이보다 훨씬 더 많은 규모가 될 것이다.

시장규모 외 또한 주목할 점은 바로 성장률이다. MoT 산업 중 성장률이 20%가 넘는 산업은 국내 기준 자율주행차, 배터리, 인공지능 그리고 스마트시티이며 글로벌 시장 기준으로는 수소, 인공지능, 자율주행차, 사물인터넷 그리고 스마트시티이다. 최고 가파른 성장률을 보이는 산업은 국내 기준 자율주행차로 연평균 40%로 성장하고 있다. 세계 MoT 시장 같은 경우 수소 시장이 연평균 58%로 성장하고 있다.

이와 같은 가파른 성장률은 앞으로 MoT 산업의 시장 규모가 최대 1.5배가 더 커질 것으로 예상해 볼 수 있다. MoT 산업은 단순히 경제 규모가 크고 성장률이 높다는 데에만 의미가 있는 것이 아니라 탄소중립이라는 환경 의제로 인한 산업 구조의 혁명으로 인해 생길 일거리들의 변화와 수익구조 그리고 이로 인한 역기능에 미리 대비해야 한다는 것이다.

제1차 산업혁명 18세기	제2차 산업혁명 19~20세기 초	제3차 산업혁명 20세기 후반	제4차 산업혁명 2015년~
증기기관 기반의 기계화 혁명	전기 에너지 기반의 대량생산 혁명	컴퓨터와 인터넷 기반의 지식정보 혁명	Lot/CPS/ 인공지능 기반의 만물초지능 혁명
증기기관을 활용하여 영국의 섬유공업이 거대산업화	공장에 전력이 보급되어 벨트 컨베이어를 사용한 대량생산 보급	인터넷과 스마트 혁명으로 미국 주도의 글로벌 IT기업 부상	사람, 사물, 공간을 초연결·초지능화하여 산업구조 사회 시스템 혁신

▲ 산업혁명의 변천

제4차 산업혁명은 지금까지의 산업혁명들과는 비교할 수 없을 정도로 강력하고 엄청난 영향력으로 세계 경제 시스템과 사회구조를 크게 변화시킬 것으로 예상된다. 특히 미래 산업발전의 관점에서 제4차 산업혁명은 그 영향력의 규모와 변화의 속도 면에서 역사상 그 어떤 산업혁명과 비교할 수 없을 정도로 다른 양상으로 전개되면서 기존 산업의 재편을 불가피하게 할 뿐 아니라 기존의 사업방식과 일하는 방식, 더 나아가 소비행태와 생활방식 전반에 걸쳐 혁명적인 변화를 초래할 것으로 예상된다.

2016년 세계경제포럼(World Economic Forum)에서 논의된 제4차 산업혁명은 제3차 혁명을 주도한 ICT 또는 디지털기술을 기반으로 물리학, 생물학 분야의 기술이 상호 교류와 융합하면서 이전의 산

업혁명과는 비교할 수 없을 만큼의 새로운 사회경제적 변혁을 초
래할 것이라며 클라우스 슈밥 회장은 이번 제4차 산업혁명의 특징
으로 "속도, 범위와 깊이, 시스템적 충격의 측면에서 이전의 산업
혁명과는 확연히 구분되며 근본적으로 그 궤를 달리한다."고 설명
했다.

제4차 산업혁명의 핵심 주도 기술로는 인공지능, 로봇공학, 사물
인터넷, 자율주행 자동차, 3D 프린팅, 나노기술, 생명공학, 재료공
학, 에너지 저장 기술, 유비쿼터스 컴퓨팅 등이 있다. 그 중 제4차
산업혁명의 핵심 주도 기술 중 가장 강력한 후보는 소위 지능정보
기술이라고 할 수 있다. 이러한 핵심 주도기술인 지능정보 기술이
광범위한 분야에 적용되거나 융합되면서 나타나게 될 파괴적 혁신
과 다양한 변화를 기업 차원에서는 단순한 업무 자동화나 업무 효
율화 이상의 의미로 받아들이고 적극적으로 대응할 필요가 있다.
구체적으로 제품 기획, 신모델 개발, 시제품 제작, 제조 공정의 효
율화, 공급망 관리, 고객관리, 소비자 니즈 파악 등 기업 가치 사슬
전반에 있어 획기적인 비용 절감 또는 새로운 가치를 창출한다. 예
를 들어 미국과 독일의 혁신적인 기업들의 경우 지능정보기술과 관
련된 첨단기술을 활용하거나 다양한 생산방식과 비즈니스모델의 혁
신을 통해 기업 가치 사슬 전반에 걸쳐 최소 15~25%의 비용절감
또는 새로운 가치창출을 추진하고 있다고 알려졌다.

스마트폰의 샤오미, 화웨이, 드론의 DJI, 가상현실의 오큘러스, 전기차의 테슬라, BYD, TV의 비지오, TLC, 하이센스 등 다양한 산업 분야의 혁신적인 기업들은 연구개발, 마케팅, 판매, 유통 부문 등 기존의 가치 사슬에서 파괴적 혁신을 이끌어내는 한편, 글로벌 디지털 플랫폼 구축 등을 통해 상품 기획, 품질 제고, 소비자 대응 속도, 가격 개선 등에서 시장을 주도하고 지속적인 글로벌 경쟁 우위를 유지한다. 또한 그 어떤 기업보다 먼저 변화의 흐름 속에서 형성되고 있는 새로운 인터넷 기반의 산업 생태계 환경을 최대한 활용해 저비용이면서도 효율적인 비즈니스 모델을 구축하고, 고객의 숨겨진 니즈를 파악하여 새로운 시장을 창출, 선점한다.

기존의 대기업 역시 거대한 고객층과 인프라, 그리고 기존 제품과 서비스의 디지털 전환(DX)을 통해 제조업과 서비스업 등 분야간 경계를 넘나들며 그 활동 영역을 넓혀가고 있다. GE, 캐논, 지멘스, 보쉬 등 선진국의 거대 제조 기업들은 제4차 산업혁명이 태동되던 초기부터 대기업 고유의 기민성, 유연성, 적응성 부족 문제를 극복하기 위해 불필요한 낭비 요소들을 과감히 줄이는 한편 자신만의 차별화된 역량을 찾는 노력을 다각도로 전개하고 있다.

한편 제4차 산업혁명이 진행되는 과정에서 나타나고 있는 수요 측면의 변화 또한 기업의 파괴적 혁신을 불가피하게 하는 주요 요소로 작용할 것으로 예상된다. 높아진 투명성, 소비자 참여의 증대 그리고 모바일 네트워크와 빅데이터의 분석 결과로 파악되는 소비자 행동양식 변화는 기존의 제품과 서비스에 대한 마케팅 및 전달 방식이 더 이상 유효하지 않게 되었다. 기업들은 새로운 방식의 디자인과 마케팅으로 대응하지 않고는 더 이상 시장에서 살아남지 못하게 될 것이다.

제4차 산업혁명에 따른 산업구조의 변화 방향으로는 ① 초연결성과 초지능화 확산에 따른 제품과 서비스의 스마트화, 시스템화이고 ② 하드웨어와 소프트웨어의 융합화 진전으로 인한 제조업과 서비스업의 융합화이다.

일본의 경우 버블 경제가 무너지고 인구 고령화로 인해 노동 생산성의 약화, 금융자생력의 취약과 금융 개혁의 지체, 성급한 긴축 재정에 의한 내수 위축과 디플레로 인해 일본의 경기침체는 장기화되었고 미국에 의해 역전되었다. 그 중 가장 큰 이유는 산업구조의 소프트화 실패일 것이다. 미국같은 경우 1980년대 이후 제조업의 쇠퇴를 기회로 정보 인프라 구축에 박차를 가함으로써 정보통신 분야가 경제 활황의 원동력으로 작용했으나 일본같은 경우 정보 인프라 구축을 소홀히 함으로써 신규 고수익 부문인 서비스 산업의 발달까지도 지체되었다.

이에 대한 결과로 1995년을 기점으로 일본의 경제는 정체 상태에 빠진 것과 달리 .한국은 정보통신의 강국으로 부상하며 1인당 GDP가 OECD 평균에 근접하며 일본과의 위치가 역전되었다.

제4차 산업혁명으로 넘어가는 과도기에 있는 지금도 마찬가지 이다. 초연결성, 초지능화 확산, 서비스의 스마트화, 시스템화, 하드웨어와 소프트웨어의 융합화, 제조업과 서비스업의 융합화의 산업구조를 지금 수용하고 변화하지 않으면 산업구조의 소프트화와 정보인프라 구축에 소홀하여 도태된 일본의 미래가 한국의 미래가 될 것이다.

하지만 인간의 삶을 혁신적으로 효율적으로 만들어 주고 탄소중립을 구현할 제4차 산업혁명에는 분명히 통증도 존재한다. 가장 대표적인 현상은 AI 자동화로 이내 사라질 직업들과 이로 인한 실업률이다. 스위스 다보스포럼을 주관하는 세계경제포럼(WEF)은 '일자리의 미래' 보고서에서 4차 산업혁명으로 인해 일반 사무직을 중심으로 제조, 예술, 미디어 분야 등에서 710만 개의 일자리가 사라질 수 있다고 예상했다.

로봇이 대체할 가능성이 가장 높은 직업군은 스포츠 심판과 텔레마케터 · 법무사로 대체 확률이 90~100%에 이른다. 다음으로는 택시기사, 어부, 제빵사, 패스트푸드 점원으로 대체 확률이 80~90%이다. 다음으로는 소방관, 성직자, 사진작가, 의사로 대체 확률은 0~20%이다.

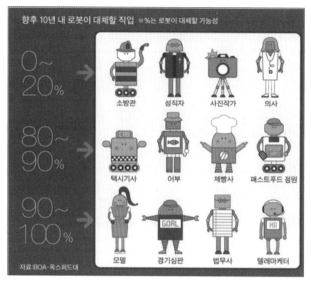

▲ 향후 10년 내 로봇이 대체할 직업(자료: BOA · 옥스퍼드대)

이러한 변화로 인하여 향후 5년간 로봇으로 인해 710만 개 직업 종이 사라지는 반면 컴퓨터, 수학, 건축 관련 일자리는 200만 개가 창출될 것으로 봤다. 결과적으로 500만 개의 일자리가 없어진다. WEF는 또한 향후 화이트칼라 직업군이 가장 큰 타격을 받아 5년 내 사무, 관리 직종은 475만 9,000개, 제조와 생산직종은 160만 9,000개 줄어들 것으로 예상했다. 반대로 컴퓨터, 수학(40만 5,000개), 사업, 금융(49만 2,000개), 건축, 공학(33만 9,000개) 분야는 일자리가 반대 로 소폭 증가할 것으로 예상했다.

제4차 산업혁명으로 인해 창출되는 직종보다 사라지는 일자리가 더 많기 때문에 미래를 준비하지 않는 국가는 실업률로 인한 경제

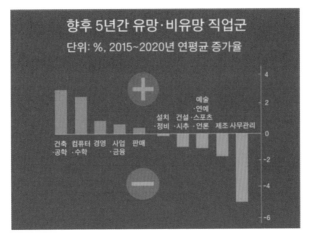

▲ 향후 5년간 유망, 비유망 직업군

불황을 겪을 것이고 미래를 준비하는 국가는 새로운 산업 분야를 선점하여 준비된 인재들을 양성하여 실업률을 최소화할 것이다.

마지막으로 한국의 미래가 왜 MoT 글로벌 쇼에 달려 있는지에 대한 이유인 MICE 플랫폼 비즈니스의 가치를 짚어 보도록 하겠다. 지금까지 기후 변화로 인한 탄소중립의 환경의제가 제4차 산업혁명의 배경이라는 것과 4차 산업혁명의 시장규모, 성장률 그리고 직종의 변화까지 살펴보았다.

하지만 아무리 제4차 산업혁명을 통하여 탄소중립과 더 편이한 삶에 가까워진다 하더라도 앞으로 사라지게 될 직종들과 인구절벽이 맞물려 미래의 경제상황은 그렇게 녹록하지 않다. 지난 몇 년간 전염병과 전쟁 등 예측할 수 없는 위기가 닥치면 경제가 얼어붙고 국가가 파산이 나는 것은 시간문제라는 것을 볼 수 있었다.

한 국가가 위기에 살아남고 부강해지기 위하여는 탄탄한 내수 시장은 물론 국외시장을 통한 지속적인 수익 유입이 필요하다. 또한 미국이 정보통신 인프라 산업을 구축함으로 제조난을 극복하고 세계에서 가장 부강한 나라가 될 수 있었다. 이는 하드웨어보다는 소프트웨어 산업으로 효율을 극대화 하여 세계적인 플랫폼 서비스들이 경제성장에 큰 몫을 했을 것이다.

한국은 일본의 선례가 아닌 미국의 성공 모델을 벤치마킹하여 플랫폼 비즈니스를 선점해야 한다. 단순 MoT 산업들은 비즈니스 파이의 크기에 분명한 한계점이 존재한다. 하지만 이러한 산업들을 중개하는 플랫폼 비즈니스 모델은 또 다른 산업혁명이 오기까지는 한계점이 거의 존재하지 않는다고 봐도 좋다.

만약 CES와 같은 세계적인 테크 전시회가 한국에서 개최된다고 상상해 보라. 매년 665조 원의 국가 수익이 창출될 것이다. 세계의 모든 MoT 산업들의 집합장소가 세계 1위의 스마트시티인 서울이 된다면 이로 인해 창출된 매출과 창출될 일자리 그리고 해외 판로 개척으로 인한 경제 가치는 어마어마할 것이다.

Chapter **2**

MoT 글로벌 쇼와 미래

1. 선택은 결과를 책임지는 자의 특권이다

우리는 이미 글로벌 경제 발전을 이룩한 경험을 가지고 있다. 미래산업을 육성하기 위해 고 박정희 대통령은 조선, 철강, 반도체, 건축 인프라를 만들기 위해 아낌없이 지원을 하고 감독을 하고 성과를 내었다.

우리로 다시 한 번 글로벌 Top 2를 위한 시도를 해야 하고 그것이 바로 MoT 비즈니스 사업을 육성하는 것이고 그것을 만들기 위해 MoT 플랫폼 비즈니스인 MoT 전시회를 하는 것이다.

MoT 비즈니스 육성과 박람회를 하기 위한 제안

고 박정희 대통령은 가난한 나라 한국을 일으키기 위해 제일 먼저 한 것이 해외유학파들을 국내로 불러들여 산업을 일으켰다. 무슨 일을 하든 제일 중요한 것이 인재이고 그 인재 한 사람으로 지금 코리아가 만들어진 것이다.

내가 MoT 글로벌 쇼를 제안했을 때 반응은 두 가지였다. 첫 번째는 우리가 CES 같은 행사를 할 수 없다는 결론을 가지고 해보지도 않고 무조건 반대를 하는 사람이 있었다. 우리가 CES 같은 큰 행사를 열 수 있는 리더나 조직이 없는 것은 둘째치고 아예 할 생각조차 못하는 사람들이 한국 사람들의 정서이다.

두 번째로 우리는 CES 같은 행사를 했을 때 결과에 대한 책임을 누가 질 것인가에 대한 갑론을박이었다. 해보지도 않고 실패할 것이라는 생각을 가진 사람들이 대부분이었다. 고 박정희 대통령이 독일을 방문해서 그 당시 외화벌이를 위해 갔던 광부들과 간호사들을 만난 적이 있다. 헐벗고 굶주려서 내 자식들에게는 가난을 물려주지 않겠다고 목숨 걸고 이국만리 먼 독일 땅에서 눈물을 흘리며 고생하던 광부와 간호사들을 본 박정희 대통령은 눈물을 흘리며 우리 한국이 가난을 재산으로 물려 주지 않는 나라로 발전시키겠다고 선언했다. 그리고 고국으로 돌아와 박정희 대통령이 처음 한 국가사업은 경부고속도로 건설이었다.

자가용도 별로 없던 나라에서 고속도로를 만든다고 하니 모두 난리였다. 민주화의 상징인 김영삼, 김대중 대통령도 그 당시 모두 반대 데모를 하였다. 누가 옳았는가? 나는 박정희 대통령이 옳았다고 믿는다.

지금 21세기를 살고 있는 한국은 제2의 경부고속도로를 건설해야 한다. 만약 우리가 그 타이밍을 놓친다면 인도, 브라질, 중국 등이 한국의 기회를 빼앗아 갈 것이다. 우리 한국이 G3가 되고 일몰처럼 서서히 무너지는 전철을 밟지 않으려면 미래산업 MoT를 플랫폼 비즈니스에 안착시켜 미국의 CES처럼 MICE 산업을 일으켜야 한다. 어떻게 할 것인가? 빌보드를 만들 것인가? 아니면 빌보드 1등이 되지만 추락하고 날개를 될 것인가? 선택은 결과를 책임지는 자의 특권이다.

고 박정희 대통령은 포항제철을 만들었던 박태준 고 회장에게 실패하면 포항 영일만에 빠져 죽으라고 했다. 두 번째로 '종이 마패'를 주면서 누가 방해를 하거나 못하게 하면 그것을 보여주고 박정희 대통령의 명령이라고 하라고 하였다. 조선소를 현대 정주영 회장에게 만들라고 하니 주저하길래 박정희 대통령은 이 나라 경제가 국가의 도움없이 발전했냐며 호통을 쳤다고 한다. 그 결과 조선, 철강, 반도체, 자동차 산업 등 지금의 IT를 받치는 제조업이 세계 일류가 되었다.

2. 어떻게 살 것인가?

어떻게 살 것인가를 고민하지 않고 살면 우리는 일본의 전철을 밟을 것이다. 지금 전 세계는 한국을 주목하고 있다. 만약 박정희 전 대통령이 경부고속도로를 만들지 않았다면 지금의 한국이 G9에 들어가는 국력을 만들었을까? 그동안 박정희 전 대통령 이후 전두환, 노태우, 김영삼, 김대중, 노무현, 이명박, 박근혜, 문재인, 윤석열 등 9명의 대통령이 바뀌었고 약 45년의 세월이 흘렀다. 운이 좋았을까? 요동치는 세계 정세와 경제의 변화 속에 9명의 대통령의 리더십은 무엇일까? 다행히 급변하는 세계 경제의 경쟁 속에 미래의 변화에 잘 대처해 왔다. 한국의 기업인들이 열심히 일을 하고 경제의 소용돌이에도 미래를 잘 준비해 왔다.

그러나 우리는 이제 추격하는 국가가 아니라 세계 경제를 선도하는 국가가 되었다. 한 순간의 실수가 추락하고 날개가 될 수 있다. 우리 경제의 모델인 일본이 G2에서 G9으로 내려가는 현실을 목도할 수 있다. 한국도 정신차리지 않으면 일본처럼 서서히 침몰될 수 있다. 이제 더 이상 조선, 철강, 반도체는 한국의 경제를 지탱할 수 없으며, 다음 세대를 위하여 미래의 새로운 먹거리를 찾아야 한다.

한국이 세계 경제의 경쟁력을 가지고 계속해서 지속발전 가능한 비즈니스 분야는 무엇일까? 내 자녀들이 살아갈 미래 시대는 어떤 분야가 경쟁력을 가지고 세계 경제를 리드할 수 있을까? 인생을 살다 보니 '변곡점'이라는 것이 있다. 굴곡의 방향이 바뀌는 자리를 나타내는 곡선 위의 점을 말한다. 대 변혁의 전환점을 일컫는 것이다. 우리의 경제모델이 조선, 철강, 반도체에 머물러선 안 되는 시기가 왔다.

우리가 세계 1등인 조선, 철강, 반도체, 자동차 산업은 중국과 인도에 의해 기술 수준이 대등해지고 있다. 지금 우리는 한국 경제의 변곡점을 디자인해야 하는 타이밍에 와 있다. 솔개는 70년을 더 살기 위해 절벽 위에 올라가 자기 발톱을 깨부수는 아픔을 통해 새로 솟아나는 발톱을 만들어 더 생존할 수 있다. 우리 한국 경제의 중요한 변곡점에서 정부는 국민에게 어떤 비전과 디렉션을 줄 수 있는가?

3. 한국의 미래는 MoT 글로벌 쇼에 달려 있다

만약 나의 이론에 반박을 할 사람이 있으면 누구든지 나에게 와서 공개토론을 요청해도 좋다. 문제는 이러한 국가전략 방향성을 알고도 실천할 사람이 없다는 것이다. 처음부터 잘하는 사람은 없다. 나는 현대 정주영 회장님을 좋아한다. 평안도 가난한 농사꾼의 아들로 집에 있는 소를 팔아 지금의 현대그룹을 만드신 분이다. 그분의 어록에 이런 말이 있다.

"지금 한다. 될 때까지 한다. 죽을 때까지 한다."

나는 한국의 미래가 MoT 플랫폼을 만들어야 가능하다고 본다. 그런데 이 거대한 플랫폼 비즈니스를 해 보신 분들이 없다. 그래서 많은 분들은 미국의 CES는 한국에서 불가능하다고 생각한다. 왜 그럴까? 책임지는 사람이 없다. 괜히 나서서 MoT를 하자고 하면 핀잔을 듣는다. 그러면 나는 불가능하다고 생각하시는 분들에게 미래 대안이 있냐고 묻고 싶다. 세계는 전쟁 중이다. 잡아먹느냐? 잡아먹히느냐? 지금 한국이 MoT 기술 분야에 플랫폼을 만들지 못하면 대안이 없다. 똑똑하신 분들이 책상에 앉아 계산을 해 보라. 비즈니스 데이터를 가지고 미래사회에 우리가 살아남기 위하여 할 일이 무엇인가?

기업이나 국가가 지속성장 가능한 모델과 비즈니스를 만들지 않으면 오늘 잘 나가는 것은 의미가 없다. 잠깐 한눈을 팔면 추락하는 것은 금방이다. 지금 우리가 그렇다. 숫자 경제를 보면 우리는 중국(G2), 인도(G4)에 포위되어 있다. 소재, 부품, 장비의 일본(G5)이 버티고 있다. 명품 브랜드로 영국, 프랑스, 이탈리아 스페인이 우리를 압박하고 있다. 위기는 항상 기회를 동반한다. 모두가 끝났다고 할 때 그때부터 게임은 시작되는 것이다. 무에서 유를 만들어 세계에서 원료를 받아 생활했던 한국이 이제는 원조를 하는 나라가 되었다. 문제는 초심을 회복하는 것이다.

필자가 제시하는 11가지 비즈니스 분야(자율주행차, 드론, 로봇, 정보통신, 사물인터넷, 인공지능, 센서, 반도체, 2차전지, 수소, 스마트시티)는 비즈니스 플랫폼을 만들지 않으면 우리는 일본처럼 G2에서 G9 밖으로 내몰리는 수모를 당할 것이다. 왜 미국이 세계 No.1으로 계속 발전하고 있는가? 그것은 미국의 innovation(혁신)이다. 1등에 만족하지 않고 1등을 하기 위한 경제 시스템과 교육환경을 만들어 놓고 공정한 경쟁을 통해 innovaiton을 하는 것이다.

4. 미래를 열어가는 창조적 소수

지금 한국 경제의 변곡점은 조선, 철강, 반도체를 기본으로 해서 미래의 새로운 먹거리를 찾아야 한다. 그 대안으로 필자는 Mobility of Things를 말하는 것이다. 자율주행차, 로봇, 드론, 사물인터넷, 정보통신, AI, 센서, 반도체, 2차 전지, 수소, 스마트시티로 미래 기술 분야에 전력을 다해야 한다. 이 11가지 기술 분야에 MICE 산업의 꽃인 전시회 플랫폼 비즈니스를 만들어야 한다.

일본은 소재, 부품, 장비 기술 분야를 발전시켜 G2까지 발전을 하였다. 그러나 MICE 산업과 비즈니스 플랫폼 분야를 발전시키지 못해 지금은 G5까지 내려가는 수모를 겪고 있다. 세계는 지금 경제 전쟁 중이다. 부동의 Global Top을 차지하는 미국은 경제계를 이끌어가는 '기초 체력'이 튼튼하다. 제조업을 기반으로 문화, 관광, 의료, IT, 금융, 신재생에너지, MICE 산업 등 각 분야 비즈니스에 플랫폼을 만들어 세계 경제를 미국으로 빨아들이고 있다.

내가 늘 이야기하는 빌보드를 만든 나라가 돈을 벌 것인가? 빌보드 1등을 하는 나라가 돈을 벌 것인가? 이미 역사적으로 과학적으로 증명이 되었지 아니한가? 이제 한국도 빌보드라는 플랫폼을 만드는 나라가 되어야 한다.

일본처럼 소재, 부품, 장비를 만드는 나라가 되서는 안 된다. 경제의 변곡점에 서서 일본처럼 무너져서는 안 된다. 해외 인재를 한국으로 오게 해서 그 천재들을 통하여 한국경제의 부흥을 이끈 제2의 건국 혁명이 일어나야 한다.

5. 내 자녀들에게 어떠한 미래를 선물해 줄 것인가?

진지하게 질문을 던져보아라. 우리가 생각하는 것을 멈추면 미래를 보장하지 못한다. 불편하더라도 끊임없이 질문하고 답을 얻어야 미래 생존이 가능한 것이다. 우리가 일본처럼 주저앉지 않고 세계

G3로 갈 수 있는 것은 MoT를 서울에서 개최하여 성공을 거둘 때 한국의 미래는 보장받을 수 있다.

"내 자녀들에게 어떤 미래를 선물해 줄 것인가?"

나의 사랑하는 대장 아버지가 2024년 2월 21일 새벽에 주무시다가 소천하셨다. 거제도 섬사람이었던 아버지는 서울에 올라오셔서 형, 누나, 나를 잘 키워주셨다. 내가 대학을 중퇴하고 기업식 과외 선생님으로 한창 잘 나가던 청년 시절이 있었다.

그 당시 강남 아파트가 2,000만 원 하던 시절 나는 월 5,000만 원을 버는 현금 부자였다. 한참 돈 버는 재미에 빠져있던 나는 24시간이 모자라도록 일중독자였다. 그때 나의 아버지는 나를 불러세우고 "너 미국 가서 공부하고 오너라."고 했다. 그때 나는 처음으로 아버지의 충고에 반항을 하였다. 유학을 가지 않겠다고 버티던 나에게 아버지는 부자의 끈을 끊자고 하셨다. 이유는 단 하나, 나의 미래를 위해 지금 해야 할 일은 돈을 버는 것이 아니라 세계 일류 국가인 미국에 가서 공부하며 나의 미래를 준비하고 개척해 가는 것이라고 하였다.

내 자녀들에게 어떤 미래를 선물해 줄 것인가? 이 질문에 답을 할 수 있는 분들이 이 책을 읽었으면 좋겠다. 나는 MoT 글로벌 쇼를 최선을 다해 서울에서 개최할 것이다. 그래서 나는 이 책을 쓰는 것이다.

Part

3

왜 MoT인가?

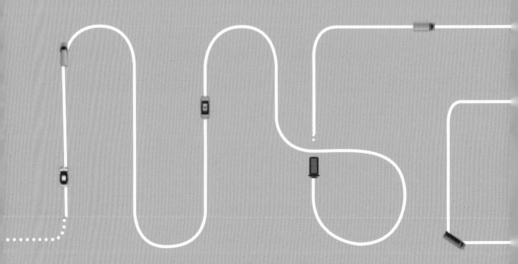

Chapter 1_ MoT가 가져올 미래 사회

Chapter 2_ 왜 우리는 플랫폼 비즈니스를 해야 하는가?

Chapter 3_ MICE 플랫폼을 통한 MaaS 플랫폼으로의
          사업 확장성

Chapter 4_ 왜 MoT 글로벌 쇼를 서울에서 해야 하나?

"미래에는 사람이 물건을 움직이지 않고
물건이 사람 주위를 움직일 것"

테슬라의 자율주행차가 출시된 후 이동 수단에 대한 사람들의 인식이 바뀌었다. 운전에서 자유로워짐으로써 운전자에게 주어지는 자유는 차 안을 회의장, 영화관, 레스토랑 등으로 재창조할 수 있는 무한한 비즈니스 기회를 창출한다. 뿐만 아니라 코로나 19로 인해 바이러스의 전파 감염에 대한 우려로 언택트의 시대가 열리면서 무인 배달 로봇, 서빙 로봇 등의 새로운 수요는 로봇이 우리의 일상에 한 층 더 가깝게 다가오게 되었고 2030년이면 인공지능 로봇이 대체할 직종은 700만 개라고 한다. 또한 기하급수적으로 늘어나는 도시 인구와 기후 위기 그리고 제한적인 에너지 전쟁으로 인한 물가 상승 등의 어려움 속에서 탄소중립과 ESG 경영 같은 '지속가능성'의 가치는 인류의 불가피한 대안으로 자리잡으며 스마트시티와 2차 연지, 수소 에너지 등의 신재생에너지가 주목받고 있다.

우리는 지금 기업의 가치사슬을 파괴적으로 지각변동시키며 인류의 삶을 천지개벽할 만큼 변화시킬 제4차 산업혁명의 과도기에 서 있다. 이를 능동적으로 준비하는 자들에게는 새로운 비즈니스의 블루오션을 미리 섭렵하게 할 것이고 변화를 받아들이지 못하는 자들은 결국 도태될 것이다.

4차 산업혁명을 통하여 현실에서 가상현실로의 엄청난 부의 이동과 동시에 우리의 삶은 급격하게 달라질 것이다. 이러한 변화가 가져올 가장 큰 혁신 중 하나는 바로 '운송 수단'이다. 대표적으로 자동차, 버스, 오토바이, 비행기, 배 등으로 국한되었던 운송수단은 사물인터넷, 인공지능, 자율주행, 스마트시티 등의 기술 융복합으로 인하여 사물에까지도 연결된 이동성을 부여할 것이고 이로 인해 미래에는 사람이 사물을 움직이는 것이 아니라 사물이 사람 주위를 움직일 것이다. 이것이 MoT(Mobility of Things)이다.

MoT의 정의

일상 속의 사물들이 로봇으로 바꾸는 '사물이동성(MoT: Mobility of Things)'이란 맞춤형으로 설계된 플랫폼에 고정 품목을 탑재하여 자율적인 이동을 가능하게 하는 것이다. 사물이동성(MoT)은 주로 센서, 액추에이터 및 연결성과 같은 다양한 기술을 통해 종종 활성화되는 물체나 장치의 자율적 또는 반자율적인 환경 내 이동 능력을 나타낸다. MoT는 물체의 움직임 또는 이동성 측면에 중점을 두며 일상 물건을 인터넷에 연결하여 데이터를 수집하고 교환하는 넓은 개념인 사물 인터넷(I.o.T)과 밀접한 관련이 있다. MoT의 맥락에서는 연결된 장치의 움직임 또는 이동성 측면에 중점을 둔다. 이러한 장치에는 자율 로봇, 드론, 자율 주행 차량 및 개인의 움직임을 추적할 수 있는 웨어러블 장치 등이 포함될 수 있다. MoT는 물체가 환경 내에서 움직이고 상호작용하는 능력이 특정 목표를 달성하는 데 필수적인 물류, 교통, 제조, 농업 및 기타 산업과 관련하여 종종 응용된다.

Chapter 1

MoT가 가져올 미래 사회

▲ 메타 모빌리티 by 현대

　위 사진은 현대차가 제시한 '메타 모빌리티'의 청사진으로 미래사회의 MoT(사물이동성)의 역할을 잘 보여주고 있다.

가상현실인 메타버스와 스마트 디바이스를 통해 인류의 이동성을 확장하겠다는 뜻을 담은 현대차의 메타 모빌리티의 비전 속에는 퍼스널 모빌리티가 집에서부터 승객을 싣고 엘리베이터를 타고 내려가 마더버스에 탑재되어 목적지로 향한다. 하늘에는 UAM(도심항공모빌리티)이 운행되고 있고 거리에는 인간을 대신하여 다양한 업무를 하는 각종 센서와 카메라 등을 탑재한 스폿(Spot)이 걸어다닌다. 무거운 짐들은 로지스틱스 모빌리티가 운송하고 있다. 이러한 스마트 디바이스들은 메타버스 플랫폼과 연결되어 사용자에게 실제 같은 가상공간 속에서 다양한 경험을 제공한다.

현대차가 그린 메타 모빌리티는 SF 영화의 한 장면이 아니라 가까운 미래에 쉽게 볼 수 있는 스마트시티 속에서의 흔한 광경이 될 것이다. 운송수단은 더 이상 도로 위에서 운전자에 의하여 작동되는 것이 아니라 실제로 집에서 목적지까지 원격으로 조종할 수 있으며 하늘은 또 다른 도로가 된다. 힘이 들고 매일 반복되는 단순 노동은 로봇에 의하여 대체될 것이고 인간은 모든 사물에 이동성을 부여하여 삶의 편의를 크게 향상시킬 것이다.

MoT 이동 수단의 종류는 자율주행차, 드론, 에어택시, 배달 로봇 등 무궁무진하다. 수많은 MoT 이동 수단들을 워크, 라이프, 레저, 로지스틱스 4가지의 용도로 나누어 어떻게 MoT 산업이 인류의 미래를 주도해 나갈지 살펴 보겠다.

1. 워크(Work)

보통 사무 공간이라 함은 집에서 떠나 도착한 공간을 사무 공간으로 보는 것이 보편적이다. 하지만 자율주행 기술로 인하여 운전자가 운전하여 이동하는 이동 수단 안의 시간과 장소는 회의, 미팅, 연구 등이 가능한 새로운 업무의 장소로 재창조되며 '업무공간'의 개념이 크게 달라질 것이다. 국토부에 의하면 직장인들의 하루 평균 출퇴근 시간은 1시간 24분이라는 조사 결과가 있었다. 다시 말하면 출퇴근하는 현대 직장인들은 매일 평균 1시간 24분씩을 길거리에 버린다는 것이다. 만약 운전대를 잡은 이 시간들이 MoT의 자율주행 기술과 MaaS(Mobility as a Service) 플랫폼으로 인하여 부르면 오는 공유 자동차 사용으로 인하여 교통체증이 현저히 개선되었다면 오늘 날 직장인들의 근무의 효율성은 어떻게 달라졌을까? 출, 퇴근 시간은 현저히 짧아질 것이고 이동하는 시간을 운전 외 근무 준비, 회의, 수면 등의 다른 시간들로 창조적이게 활용하며 근무의 효율성은 크게 높아졌을 것이다. 더 나아가 사무실은 더 이상 빌딩 안으로 국한되지 않고 자동차는 움직이는 사무실이 되어 '자택근무'의 시대에서 '차택근무'의 시대로 근무환경을 정의하는 경계는 확장될 것이다.

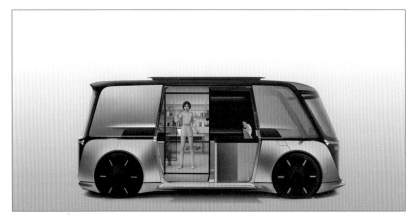

▲ 자율주행차 모델 '옴니팟' 업무용 개인비서 서비스(자료: LG전자)

다음은 이러한 MoT의 자율주행 기술과 MaaS 플랫폼을 활용하여 미래를 준비하는 기업들의 사례들이다.

LG에서 선보인 자율주행차 '옴니팟'은 지난 팬데믹으로 인해 확산된 '홈 오피스'에 이어 '카 오피스'의 시대를 열고자 넓은 대시보드와 LG전자의 디스플레이어가 탑재된 모니터를 운전석에 설치함으로 자율주행을 하는 동안의 시간을 업무를 위해 효율적으로 사용하도록 한 모델이다. LG 옴니팟은 인공지능을 기반으로 한 미래 자율주행차의 컨셉 모델이다. 업무를 위한 오피스 공간뿐만 아니라 영화 감상, 운동, 캠핑 등 다양한 엔터테인먼트를 즐길 수 있는 개인 공간으로도 활용 가능하다. 회사측은 LG 옴니팟이 '주택과 자동차의 구분을 모호하게 하는 모빌리티 컨셉 솔루션'이자 LG의 커넥티드 카 비전을 극적으로 확장한 것이라고 설명하고 있다. '바퀴달린 주택'의 개념으로 확장할 수 있다는 의미다. 아직 LG 옴니팟의 구체적인 내용이 공개되지 않았지만 LG전자가 공개한 CES 2022 홍보 영상을 통해 LG 옴니팟의 일부 모습을 그릴 수 있다. IT 매체인 테크레이다에 따르면 LG 옴니팟은 소형 프라이빗 항공기의 객실을 연상시킨다. 이를 통해 '개인 생활공간의 도로 확장판'을 의도하고 있다. 차내에는 냉장고 등 가전제품과 접이식 가구, 외부 환경을 모방한 '메타 환경(Meta Environment)' 지원 디스플레이 시스템을 갖추고 있다.

 다음 예시는 토요타의 e-Palette 플랫폼이다. 토요타의 e-Palette 플랫폼은 다목적 모듈식 전기차로 전동화, 커넥티드, 자율주행 기술을 활용하여 다양한 산업 분야에 필요한 모빌리티를 제공하는 자율주행차이다. e-Palette는 자율주행 자동차인 동시에 차량 공유, 배달, 택시, 이동식 상점, 업무공간 등 다양한 '모빌리티 서비스 플랫폼' 구현이 가능하다. 사용자에 따라 공간 구성이 가능해 병원, 사무실, 상점, 호텔까지 만들 수 있다. e-Palette는 개인이 아닌 B2B 기업을 대상으로 하는 기업 비즈니스에 필요한 다양한 모빌리티 서비스를 제공하는 데 초점을 맞추고 있다. 박스 형태의 자율주행 가능한 e-Palette라는 플랫폼을 제공하면, 기업이 이것을 활용해 콘텐츠와 서비스를 채워 넣어 목적에 맞게 활용하면 되는 컨셉이다. e-Palette의 특징은 낮은 차체와 박스형 디자인을 통한 넓은

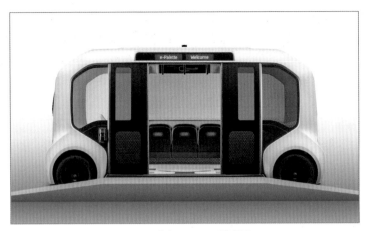

▲ 토요타 'e-Palette 플랫폼'

실내공간에 있다.

CES 2018 전시 모델은 전장 4,800mm, 전폭 2,000mm, 전고 2,250mm이 다른 세 가지 차량을 마련했으며, 낮은 자체와 박스형의 배리어 프리(barrier-free) 디자인으로 평탄하면서도 넓은 공간에 라이드셰어링형, 호텔형, 매장형의 서비스 파트너 용도에 따라 설비를 탑재할 수 있다. 토요타의 e-Palette 플랫폼은 토요타가 2020년 CES에서 선보인 우븐시티(Wooven City)의 주요 운송수단이 될 예정이다.

우븐시티(Wooven City)는 토요타가 소유한 후시잔 동부 근교의 175 에이커 부지이며 덴마크의 거장 비야케 잉겔스가 도시와 건축물의 설계를 맡아 탄생시킬 일본의 스마트시티이다. 우븐시티는 토요타가 자율주행 및 스마트시티 실증을 가속화시키기 위한 프로젝트로

▲ 토요타 'e-Palette 플랫폼'과 피자헛

도시 인프라는 모두 지하로 지어지게 되는데 우븐시티의 지하에는 e-Palette 자율주행차가 가득 들어서게 될 예정이다.

또한 e-Palette는 빠르게 상용화 단계를 밟고 있다. 토요타는 e-Palette 플랫폼을 강화하기 위해 e-Palette Alliance를 구성하고 우버, 피자헛, 아마존 등의 회사와 파트너십을 맺고 서비스 기획 단계부터 상용화 단계까지 사업을 추진하고 있다.

피자헛은 토요타와 제휴를 맺고 자율배송 차량의 배달 효율성과 안전성을 높이기 위해 올해부터 피자 배달 데이터를 수집할 계획이다. 피자 배달 차량이 상용화가 되면 무인 자율주행 차량을 통해 피자 배달이 가능할 뿐만 아니라, 무인매장 구현이 가능해 언제 어디서나 고객이 있는 곳에서 바로 피자를 만들어 제공할 수 있게 된다.

이제 피자를 배달하는 차 안의 공간은 배달과 동시에 피자를 만들고 굽는 움직이는 조리실이 된다. 피자헛 미국지부 회장으로 지냈던 아티 스타스는 "토요타와의 이번 제휴를 통해 피자헛은 배달 중심의 브랜드로 성장할 것"이라며 "그간 피자헛은 미국 3대 피자 체인 중 기술 경쟁에 가장 뒤처져 있는 브랜드였다."고 전했으며 토요타 측은 "전통적인 자동차회사에서 더 나아가 유동적인, 즉 모빌리티 서비스 가치를 확대하는 것이 우리의 목표"라고 말했다. 나아가 토요타 아키오 사장은 "자동차 산업은 지금 전동화, 커넥티드, 자동 운전 등의 현저한 기술의 진보에 의해 100년에 한 번 있는 대혁변의 시대를 맞이하고 있다."며 "이번 발표는 지금까지의 자동차의 개념을 뛰어넘어 고객에게 서비스를 포함한 새로운 가치를 제공할 수 있는 미래의 모빌리티 사회실현을 향한 커다란 한걸음이라고 생각한다."라고 강조했다.

세계적인 디자인 컨설팅 그룹 IDEO는 어떻게 자율주행차가 우리의 일상을 바꿀지에 대한 컨셉보드 시리즈를 선보이며 WOW (Work on Wheels) pods의 컨셉을 발표했다. 바퀴 위의 사무실이라는 의미의 WOW pod는 직원이 사무실로 출/퇴근을 하는 것이 아니라 사무실이 직원이 있는 곳으로 이동하여 직원이 WOW pod 안에서 근무를 할 동안 도로 위를 달린다. WOW pod의 디자인은 채광이 들어오는 디자인과 공기 정화 기능을 갖고 있으며 청정지

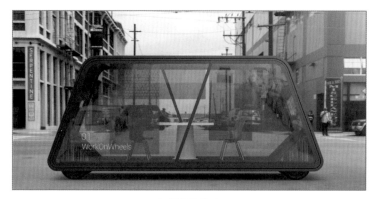

▲ WOW Pods

역으로 운행을 해준다. WOW pod의 스마트 글라스 패널은 개방감을 주는 동시에 UV(자외선)으로부터 승객들을 보호해 주면서 회의 등에 필요한 인터랙티브 화면 기능을 더하여 효율적으로 공동작업을 하도록 도와준다. WOW pod 안에서의 근무는 꽉 막힌 빌딩 안이 아니라 일광과 청정 공기, 아름다운 자연의 광경을 누리면서 근무할 수 있게 해 준다. 각각의 pod는 기업의 필요에 따라 재구성이 가능하며 부르면 오는 온-디맨드형 자율주행 서비스로 구상되어 디자인되었다.

현대자동차그룹은 4족 보행 로봇 '스팟'으로 다양한 업무를 수행하고 접목할 수 있게 했다. 이상적으로는 다양한 현장의 위험이 존재할 수 있는 공장에 '공장 안전 서비스 로봇'으로 사용하여 공장 내 여러 위험을 감지하고 감시해 주는 역할을 수행한다.

▲ 4족 보행 로봇 '스팟'(자료: 현대자동차그룹)

이 로봇은 사람이 이동하기 어려운 협소한 공간을 다닐 수 있으며 계단 등도 자유롭게 움직인다. 유연한 관절을 움직여서 사각지대를 효과적으로 파악해 준다. 이러한 기능 덕분에 순찰자들이 편하게 안전 환경을 모니터링할 수 있게 된다. 이러한 형태의 로봇은 다양한 분야에 적용되어 업무의 효율을 높이며 인건비를 대폭 줄일 수 있게 해준다.

2. 라이프(Life)

이제 MoT 산업이 어떻게 우리의 일상을 바꾸어 놓을지 엿볼 수 있는 혁신적인 MoT 라이프 운송 수단들을 살펴 보겠다.

1) 라스트마일 모빌리티

첫 번째로 우리의 일상을 혁신적으로 바꿀 MoT 운송 수단은 '라스트마일 모빌리티'라고 할 수 있겠다. 라스트마일 모빌리티란 차량으로 이동하기에는 짧지만 보행하기에는 다소 긴 거리에 간편하게 이용할 수 있는 운송 수단을 말한다. 현재 국내에서 많이 활용되고 있는 라스트마일 모빌리티는 공유자전거나 킥보드 등을 꼽을 수 있겠다. 하지만 대부분의 승용차가 소유의 개념이 아닌 온 디맨드형 공유의 개념이 될 미래 사회에서의 라스트마일 모빌리티는 지금보다 훨씬 더 많은 수요가 있을 것으로 예상된다.

첫 번째로 볼 사례는 현대차의 '퍼스널 모빌리티'이다. 전통적인 자동차 제조 기업인 현대차는 미래 모빌리티에 109조원을 투자하며 현대자동차의 중장기 전동화 전략인 '현대 모터웨이'를 가동해 2030년 전기차(EV) '200만 대' 시대를 열고자 한다. 지금까지 쌓아온 내연기관, 사업 노하우, 기술 역량을 브랜드 유산과 결합하여 전동화 전환 속도를 높이고자 하는 새로운 핵심 전략이다. 현대차는 앞으로 10년 간 투자액 109조 원 가운데 30% 이상을 전동화에 투자하는 동시에 미래 모빌리티 주도권 확보를 위해 수소, 자율주행, 소프트웨어 중심 자동차(SDV), 로보틱스, 도심항공 모빌리티(UAM) 등 사업을 중점 추진한다. 치열한 글로벌 모빌리티 시장에서 선제적인 대응을 위하여 미래 시장을 준비 중인 현대자동차는 기존의 전통적인 자동차 제조업에서 개인에 특화된 커뮤니케이션과 콘텐츠를 제공하는 '초개인화'를 핵심 비전으로 설정하고 역량을 집중하고 있는 것이다. 현대차의 중장기 혁신 계획 '2025 전략'의 핵심 전략 목표는 끊김 없는 이동의 자유과 차별화된 맞춤형 서비스 경험을 제공하는 '스마트 모빌리티 솔루션 기업으로의 전환'에 목표를 두고 있다. 2025년까지 글로벌 시장 점유율 5%를 달성하고 스마트 모빌리티 플랫폼 서비스 사업에서도 수익 창출의 기반을 구축하겠다는 구상이다. 현대차는 보스턴 다이나믹스 인수를 비롯해 글로벌 SW 센터, 로봇 인공지능(AI) 연구소 등을 설립하는 등 지능형 모빌리티 서비스 개발에도 박차를 가하고 있다. 완성차 제조업체인 현대차가 있다면 자동차 부품 제조 및 공급회사인 현대 모비스는 2020년 글로벌 100대 자동차 부품사 순위에서 7위를 기록했으며 특히 친환경 자동차의 파워트레인 공급이 활성화되고 있다. 또한 현대모비스는 자동차에 필요한 소프트웨어 또한 개발하며 소프트웨어와 하드웨어를 결합한 통합 플랫폼 회사로 변모하고자 시도하고 있다. 이렇게 현대자동차는 미래 모빌리티 시장의 큰 그림을 그리며 모빌리티 솔루션에 투자하고, 선도적인 모빌리티 제공 업체와 긴밀한 관계를 구축하고 자동차 산업을 넘어 모두에게 이동의 자유를 선사하고자 'MoT'의 분야를 개척하고 있다. 현대차의 가장 대표적인 MoT 플랫폼들인 플러그 앤 드라이브 모듈(PnD 모듈)과 드라이브 앤 리프트 모듈(DnL 모듈)을 MoT의 퍼스널 모빌리티의 예로서 살펴보겠다.

▲ 퍼스널 모빌리티(자료: 현대자동차)

현대자동차는 CES 2024에서 수소, 소프트웨어 그리고 로보틱스 기반으로 우리의 일상을 편리하게 해줄 미래 모빌리티 콘셉트인 DICE를 공개했다. DICE는 이전 버전보다 더 발전한 퍼스널 모빌리티로 이동 시간을 한층 유용하게 보낼 수 있도록 해주는 개인 맞춤형 경험을 제공하는 것이 특징이다. AI와 연결된 DICE는 개인 기기와 연결되어 사용자화된 환경을 조성해 언제 어디서나 승객을 알아보고, 개개인에게 딱 맞는 개인화된 서비스를 제공한다. 앞과 좌우 3면이 투명한 유기발 광다이오드(OLED) 디스플레이로 둘러 싸였으며 실내 공간에 들어서면 운전대나 가속 페달은 보이지 않는다. DICE 안에는 소파 같은 편안한 시트가 놓여 있으며 스마트폰을 연동하면 AI가 탑승객의 일정과 목적지를 파악하고 이동하는 곳 주변의 명소나 식당을 제안한다. 이동 중 갑자기 일정이 변경되면

▲ 퍼스널 라스트마일 모빌리티 전기 스케이트보드(자료: 네이버랩스)

AI가 해당 일정을 경로에 반영한다. 뿐만 아니라 지비소프트의 비접촉 생체신호 측정 기반 운전자 모니터링 기술이 탑재된 DICE는 바이오 센싱(생물학적 인식 요소를 활용한 분석)을 통해 탑승객의 건강 상태까지도 확인해 준다. 예를 들어 맥박과 산소포화도를 기반으로 분석한 운전자의 컨디션에 맞는 여행지를 추천하고, 차량 내 각각 다른 강도와 밝기의 조명 무드를 실시간으로 조절하거나 분위기에 맞는 음악, 콘텐츠를 제공해 운전자의 컨디션과 건강 관리를 돕는다. 이렇게 현대차가 제안한 미래 모빌리티의 비전은 단순한 이동수단이 아닌 개인의 필요들을 섬세하게 헤아려서 설계된 하드웨어와 소프트웨어의 첨단 기술들의 융복합의 결과물이다.

두 번째 라스트마일 모빌리티의 또 다른 예는 iF디자인어워드를 받은 네이버랩스가 개발한 세계 최초 4륜 밸런싱 전기 스케이트보드다. 이 전기 스케이트보드는 가속, 천천히 가기, 방향 바꾸기가 가능하다. 이 전기 스케이트보드는 시속 40km 이상으로 주행할 수 있으며 탑재된 2개의 틸트 센서가 1초에 1,000번 기울기를 계산하

▲ 라스트마일 모빌리티(자료: 아우디)

여 작동한다. 이제 스케이트는 스케이터들만의 전유물이 아닌 대중적으로 접근 가능한 라스트마일 모빌리티가 된다.

Audi Urban Future Initiative는 탈 수도 있고 쇼핑카트도 될 수 있고 유모차도 될 수 있는 '멀티 트롤리' 컨셉을 발표했다. 미래의 도시 이동성은 기존의 이동 수단을 변화시키고, 능률적인 대안들과 결합될 것이다. 유모차, 킥보드 및 쇼핑 트롤리의 기능을 결합한 이동성의 개념이다. '멀티 트롤리'는 접이식 메커니즘을 통해 각각의 용도에 맞게 조정할 수 있으며, 작고 컴팩트한 크기로 보관도 용이하다.

2) 생활밀착형

다음으로는 생활밀착형 MoT 제품들이 어떻게 미래 사회에 우리의 일상을 바꿀 수 있을지 살펴 보겠다. 생활밀착형 MoT는 퍼스널 모빌리티(Personal Mobility)보다 한 단계 더 우리의 일상에서 밀착되게 활용할 수 있는 MoT 솔루션들을 말할 수 있겠다. 우리가 매일 하는 가사노동이라든지 정서적인 교감을 하는 애완동물, 건강을 진단해 주는 개인 의사, 일을 담당해 주는 비서 그리고 운동을 도와주는 퍼스널 트레이너 등 MoT를 활용하여 얻을 수 있는 확장성은 무궁무진하다.

 MoT 산업의 발전은 단순히 도로나 인도 등 아웃도어에 국한되었던 이동수단에서 이제 우리의 가정과 사무실 등 다양한 인도어 액티비티의 삶의 질을 향상시키는 역할을 해 줄 것이다. 예를 들면 코로나 팬데믹 당시 언택트의 시대와 높은 인건비가 맞물리면서 어려움에 처한 많은 외식 업체들은 부엌에서 대신 조리를 해주는 자동화 시스템을 도입하면서 돌파구를 찾았다. 손이 많이 가는 김밥집에는 사람이 재료만 집어 넣으면 대신 김밥을 싸서 썰어서 포장까지 해주는 기계가 도입되었고 떡볶이 집, 중국 집, 치킨 집 등 사람이 계속 불 앞에 있어야 하는 웍(wok)질을 자동으로 해주는 기계들로 대체되었고 커피숍이나 아이스크림 판매처들에서는 대신 커피를 만들어 주고 아이스크림을 서빙해 주는 로봇 직원이 24시간 무인 판매를 하며 이목을 끌었다. 현재는 높은 가격과 아직 실험 단계에 있어 상업용에만 적용된 MoT 솔루션들은 멀지 않은 미래 사회에 우리의 일상에서 매일 볼 수 있는 보편적인 장면이 될 것이다.

▲ 스마트홈 로봇(자료: 아마존)

생활밀착형 MoT 솔루션의 첫 번째 사례는 아마존의 가정용 로봇, 스마트홈 로봇이다. 아마존은 인공지능 기술을 사용한 새로운 가정용 로봇 스마트홈 로봇은 지능과 대화형 음성 인터페이스를 추가하여 집 안의 상황을 이해하고 적절하게 대응할 수 있다. 아스트로 로봇은 아마존 내부 부서의 인공지능 로봇 개발 프로젝트 '번햄(Burnham)'에 의하여 탄생하게 되었는데 이 프로젝트는 스마트홈 로봇에 지능과 대화형 인터페이스를 추가하는 것이 핵심이다. 이 번햄 프로젝트는 스마트홈 로봇에 지능과 대화형 인터페이스를 추가하는 것이 핵심이다. 이 번햄 프로젝트에 의해 업그레이드 될 아스트로 로봇은 챗GPT와 같은 대형 언어 모델(LLM)과 또 다른 첨단 인공지능을 채택, 바쁘게 돌아가는 집 안의 분위기(맥락)를 이해하고 적절하게 대응할 수 있는 가정용 로봇이다.

이제 스마트홈 로봇이 있으면 얘기치 못한 응급 상황이나 미처 살펴보지 못한 가사 등 집안 곳곳을 돌아다니며 상황을 살펴보는 집사가 24시간 항시 대기하며 위험 상황에 대응할 수 있다. 예를 들어 조리용 기구가 켜져 있거나 수도 꼭지가 잠겨있지 않은 것을 발견 또는 쓰러진 사람이 있는 응급 상황의 경우 집 주인에게 알리고 119에 전화를 걸기도 한다. 여기에서 더 나아가 보다 복잡한 작업을 할 수 있다는 것이다. 예를 들어 바닥에 깨진 유리를 발견하고, 그것이 위험하다는 것을 인지하며, 누군가 유리를 밟기 전에 로봇이 먼저 치운다는 개념이다. 로봇이 근본적으로 문제를 발견하고 해결한다는 것이다. 아마존은 로봇의 이 같은 능력을 '상황 이해(Contextual Understanding)'라는 용어로 표현하고 있다. "로봇을 더 지능적이고, 더 유용하고, 대화를 가능하게 만들기 위해 설계된 가장 최신의 진보된 AI 기술이다."라는 설명이다.

고령화와 1인 가구의 증가 그리고 인공지능 기술의 발전을 토대로 인간의 정서적 동반자인 반려동물을 로봇으로 만나볼 수 있는 소니의 애완로봇 '아이보'가 신규 모델을 2018년 출시되었다. 아이보는 주위 환경 인식, OLED를 통한 감정 표현, 상호작용에 의한 데이터 축적 및 학습 등의 능력이 보완되어 주인과의 능동적인 교감이 가능해졌다. 아이보(ERS-1000)에는 인공지능이 적용되어 클라우드에 저장하며 학습을 한다. 주인은 my Aibo라는 스마트폰용 애

▲ 아이보(Aibo)(자료: 소니)

플리케이션을 이용해 각종 설정을 할 수 있다. 아이보는 선행 예약 판매에서 30분 만에 완매되었으며, 2차 예약 판매에서는 13분 만에 완매되었고 출시 3개월 만에 판매량이 1만 대를 돌파했다. 아이보는 삐리리리하는 전자음을 내거나 사람 말을 하던 이전 모델들과 달리 실제의 개의 울음소리와 유사한 소리들을 낸다. 움직임도 관절이 보기보다 유연하게 작동하기 때문에 다양한 행동을 하는 것이 가능하며 자가 학습 능력 덕분에 집 안 구조를 어느 정도 이해하고 돌아다니며, 계단 등 떨어질 위험이 있는 곳도 피해다닐 수 있다. 또한 스스로 절전 모드에 들어갈 수 있으며, 이때 자극을 주거나 소리를 들으면 스스로 일어난다. 이런 기능 덕분에 절전 모드에 있다가도 주인이 돌아오면 일어나서 마중 나오기도 한다. 목 뒤에 있는 스위치를 눌러 수동으로 깨울 수도 있다.

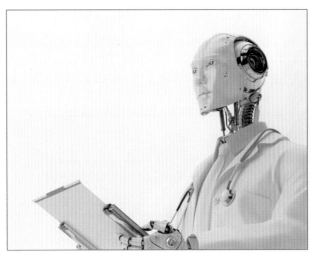

▲ 실버봇 '에드(Ed)'(자료: 캐나다 토론토 재활연구소)

노인 질환의 치료와 관리에 필요한 경제적 부담은 해마다 커지고 있으며 의료 및 간호 인력의 부족 현상도 덩달아 극심해지고 있다. 이에 대한 대안으로 거동이 필요한 노인과 환자들에게 간병을 비롯한 다양한 서비스를 제공하는 실버봇이 떠오르고 있다. 캐나다 토론토 재활연구소는 2014년 지능형 로봇 에드를 개발해 부족한 간호, 간병 인력을 뒷받침하는 데 기여하고 있다. 인공지능이 탑재돼 자율동작이 가능한 에드는 노년층의 인지기능 향상, 정서 안정을 위한 교육 및 치료 프로그램을 수행하며 응급구조 시스템과 연계돼 있어 위급한 상황에도 대응이 가능하다. 영국, 프랑스의 대학과 기업들이 협력해 개발한 실버봇 '콤파이'는 식사 여부와 생체신호 모니터링을 통해 치매 환장의 건강을 체크하고 과거의 기억을 상기시키는 훈련과 대화를 수행해 정서적 안정감까지 제공한다. 대표적인 고령화 국가인 일본 또한 실버봇 개발에 적극적이다.

심리 치료와 치매 예방을 목적으로 개발된 간호로봇 '파로', 보행과 운동 기능을 갖춘 체조로봇 '팔로' 등이 노인 보호 기관을 중심으로 도입되고 있다.

삼성전자는 2021 CES에서 현재 연구 중인 AI 가정용 로봇 '삼성 봇 핸디'를 선보였다. '삼성 봇 핸디(Samsung Bot Handy)'는 집 안의 물체를 인식하고, 능숙하게 집거나 드는 매니플레이션(manipulation) 기술을 기반으로 다양한 가사 일을 돕는 로봇이다. 이 로봇은 AI기술을 이용해 물체를 인식하고 스스로 집고 옮길 수 있는 기능을 탑재하여 가사 노동을 도와주고 집 안 곳곳을 돌아다니며 수천 가지의 요리도 할 수 있다.

또한 삼성 봇 핸디는 AI를 활용해 유리컵인지 도자기 접시인지 인식하여 식기세척기에 그릇을 넣고 작동시키고 널브러진 옷을 정리하는 것은 물론 식탁을 세팅하고 와인을 따라주는 모습을 통해 인공지능 로봇과 공존하는 일상을 그려내며 기술에 의해 변화할 미래의 삶을 예고했다.

삼성전자는 앞으로 더 정교한 매니플레이션 기술을 개발하기 위해 지난해 '동적 질량 중심을 가지며 변형 가능한 물체를 인간 수준

▲ AI 가정용 로봇 '삼성 봇 핸디'(자료: 삼성전자)

으로 조작하기 위한 시·촉각 인식 기술'을 연구과제로 선정했다. 이 연구과제는 인하대 김민구 교수팀에서 제안되었고 이 연구팀은 카메라를 통해 얻은 3차원 시각 정보와 인간의 촉각 수용체를 모사한 센서로 부터 얻은 3차원 촉각 정보를 융합할 예정이다. 움직이는 물체의 질량의 중심점을 잡고 변형이 생기는 물체를 움켜쥘 수 있는 기술을 개발하기 위해서이다. 이 연구가 성과를 거두면 의료나 돌봄, 군사 등 영역에 매니플레이션이 적용된 로봇이 투입될 수 있을 것으로 전망되고 있다. 일상 속으로 한 발짝 다가온 로봇이 세상을 어떻게 바꿀지 기대되는 대목이다.

한편 영국의 몰리 로보틱스는 2021 CES에서 무려 5,000여 가지의 요리가 가능한 로봇 키친을 선보였다. 로봇 키친은 주방 천장에

▲ 로봇키친(자료: 영국 몰리 로보틱스)

양팔 로봇을 장착한 시스템으로, 버튼 한 번만 누르면 직접 음식을 요리해 식사를 제공한다. 총 5,000여 가지가 넘는 요리를 제공하며, 요리가 끝나면 스스로 청소도 진행한다. 100명의 엔지니어를 비롯해 고급 인테리어 디자이너, 3명의 셰프가 팀을 꾸려 6년 간의 연구 끝에 개발한 만큼 높은 완성도를 자랑한다. 이 시스템은 독일 로봇 회사인 슝크(SCHUNK)와 공동 개발한 양팔 로봇을 사용한다. 각 로봇 팔은 사람의 손 모양을 모사한 관절식 손을 갖추고 있어 인간과 동일한 수준의 움직임을 안정적으로 재현해낸다. 스마트 냉장고에서 재료 꺼내기, 요리판 온도 조절하기, 싱크대 수도꼭지로 냄비 물 채우기, 섞고, 접시에 담기, 주방 청소하기 등을 수행하는 것이 가능하다. 전문 셰프의 요리 기술도 적용됐다. BBC '마스터셰프'에서 우승한 경력을 보유한 셰프가 자신의 요리 기술을 직접 3D로 기록한 뒤 이를 알고리즘으로 변환해 로봇 주방에 적용했다.

이 덕분에 로봇은 재료를 섞거나 붓는 등의 행위를 마치 사람처럼 자연스럽게 해낼 수 있다. 디지털 메뉴판도 지원해 5,000여 가지 이상의 요리를 선택할 수 있으며, 조리법 생성 소프트웨어 툴을 통해 사용자가 원하는 요리를 직접 만들 수도 있다. 로봇 키친은 센서와 광학 카메라를 사용해 주방에 있는 재료와 조리기구 등을 매핑한다. 이들 기구의 손잡이나 뚜껑에는 마커(Marker)가 붙어 있어 로봇이 각각의 도구를 정확히 사용하도록 도와준다. 로봇 팔은 광학 카메라를 활용해 떨어진 음식을 찾아내 청소하고 자체 내장된 UV 램프로 조리 공간에 있는 세균을 살균한다.

로봇 키친의 가격대는 설치 비용에 따라 달라질 수 있지만, 일반적인 고급 주방과 비슷하다는 게 몰리 로보틱스의 설명이다. 회사는 향후 기술력이 성숙해지면 다양한 가격대의 버전을 생산할 계획을 갖고 있다. 또한 호텔, 음식점, 케이터링 업체에서 큰 수요가 예상됨에 따라 올해 안으로 로봇 주방의 상업용 버전을 출시할 계획이다.

이렇듯 영화에서만 있을 법한 일들이 생활밀착형 MoT 혁신 제품들을 통하여 현실에서 실현되고 있다. 지금 당장은 생활밀착형 MoT 혁신 제품들이 시장의 상용화 단계에 있고 넓은 고객층에게 보급되기에는 높은 가격 등 여러 가지 허들이 존재하지만 MoT 시장이 성숙됨에 따라 가격과 대중성의 문제가 해결된다면 가격 대비 효율성에 대한 만족도의 충족으로 인한 고객 수요가 증가할 것이고 그때는 지금처럼 특정 고객층을 위한 시장이 아닌 휴대폰처럼 보편적인 생활용품이 될 것으로 기대된다. 그렇게 된다면 인류는 요리, 설거지, 청소, 가드닝 등의 매일매일의 노동에서 해방될 수 있으며 더 나아가 개인의 건강을 위해 더 면밀히 보살핌을 받는 첨단 기술들을 더 가까이서 접할 수 있으며 반려 '봇'과의 정서적인 교감과 의존도로 인한 심리적인 영역까지도 충족될 수 있을지 앞으로의 귀추가 기대된다.

3) 교통

마지막으로 어떻게 MoT 산업이 우리의 일상을 바꿀지에 대한 부분으로 '교통'의 측면을 보겠다. 인류는 자율주행 기술로 인하여 대중교통의 크나큰 진보를 할 것이다. 자율주행차가 창출할 '승객 경제'로 생성할 경제적 효과는 7,840조 원을 호가할 것이라고 전문가들은 예상한다(스트래트지 애널리틱스 <미래를 가속하다 : 떠오르는 승객 경제의 영향력>).

미국에서는 운전자 없이 주행하는 구글의 완전 자율주행 자동차 '웨이모 로보택시'가 애리조나 주, 캘리포니아 주, 텍사스 주의 몇몇 시범 도시에서 상용화되고 있다. 이제 차량은 소유의 개념이 아닌 부르면 오는 온 - 디맨드 공유의 영역으로 서서히 우리의 일상 속에 자리잡을 것이다.

▲ 구글의 완전 자율주행차(자료: 웨이모 로보택시)

　구글이 2016년 설립한 웨이모는 5년 만에 운전석에 사람이 앉지 않은 완전 자율주행 택시 서비스를 시작했다. 도로를 완벽하게 재현한 초정밀 지도를 만든 뒤 라이다(LiDAR) 등 첨단 센서를 장착한 자동차가 위성 위치 확인 시스템(GPS)으로 위치와 방향을 확인하며 달리게 하는 것이다. 웨이모의 미국 피닉스, 로스앤젤레스, 샌프란시스코 등 3개 도시에서 운영 중인 로보택시의 운행 데이터를 분석한 결과, 713만 마일(약 1,147만km)의 운행 기록을 사람이 운전한 차량의 데이터와 비교한 결과, 로보택시의 부상 사고 비율이 사람 운전자의 약 7분의 1 수준인 것으로 나타났다. 이는 로보택시가 사람이 운전하는 자동차에 비해 부상자를 낸 사고를 일으킬 확률이 현저히 낮다는 것을 의미한다.

하지만 돌발 변수들에 대한 해결은 아직 완전치 못하다. 샌프란시스코에서는 로보택시가 긴급 출동한 소방차와 18번이나 충돌했다. 다른 차에 부딪혀 튕겨 나온 보행자를 인식하지 못해 2차 사고를 낸 경우도 있다. 또한 차이나타운을 지나던 웨이모 로보택시가 불에 탄 사건이 있었다. 춘절 축제가 열려 웬만한 운전자는 운행을 꺼리는 도로를 주행하다가 군중에 둘러싸여 '화형식'이라는 봉변을 당했다. 문화재를 파괴하는 행위에 빗댄 '웨이모 반달리즘'이라는 비판이 쏟아졌지만 시민들의 현실적 불안감은 무시할 수 없다. 이러한 기술적인 한계점들만 잘 극복한다면 1,330조 원이라는 거대한 자율주행 시장의 향배를 좌지우지할 뜨거운 기술이 될 것이다.

미국의 top 헬리콥터 회사인 벨에서는 쿼드콥터 형태의 '넥서스'를 CES에서 선보였다. 수직이착륙(VTOL)형 비행택시를 개발하여 2023년까지 하늘을 나는 에어 택시의 실용화를 목표로 우버와 제휴를 맺었다. 넥서스는 엔진과 모터를 결합한 하이브리드 방식으로 완전 전동식 VTOL기보다 항속 거리가 길고 일반 헬리콥터보다는 조용하다는 게 장점이다. '넥서스'는 내연 기관과 전기 모터로 회전하는 덕티드 프로펠러 4개를 갖춘 '벨 넥서스 4EX'와 6개를 장비한 '벨 넥서스 6EX'로 나뉘어 개발되고 있는데, 6EX의 경우 5명까지 태우고 비행할 수 있다. 지금까지 미래의 교통수단이라 하여 우리에게 다가왔던 에어택시는 대개 1~2인용이었다. 그 주된 이유는 추

▲ 에어택시 넥서스(자료: 벨)

력의 제한과 배터리 성능, 도심 이착륙을 위한 제한된 비행기의 크기 등에서 항속거리와 무게 면에서 많은 제약이 따랐기 때문이다. 하지만 이번에 등장한 벨사의 6EX는 총 5인이 탈 수 있는 택시만큼이나 큰 내부 공간이 있다. 6개의 프로펠러를 갖춘 6EX는 상당한 크기 탓에 일반 헬기보다 크게 느껴지지만 일반 행기장에도 충분히 착륙할 수 있는 크기이다. 다시 말하면 기존 도시 항공 인프라를 바꿀 필요 없이 서비스를 곧바로 시작할 수 있다는 얘기이다. 이미 벨 사는 프로토타입 단계를 지나 2023년까지 시험 비행을 했고 이제 곧 우버와의 상용화를 준비하고 있다. 이제 더 이상 답답한 도로에서 교통체증을 견디는 것이 아닌 하늘의 도로를 대중교통처럼 사용할 수 있게 해주는 날이 성큼 다가왔다.

▲ 5G 기반 자율주행열차(자료: 철도연)

철도연은 지난해 9월 세계 최초로 5G 이동통신기술 기반의 열차 자율주행 시스템 핵심 제어기술을 개발했다고 발표했다. 발표에 따르면 철도연은 2020년 1월 SK텔레콤과 기술 협력을 위한 협약을 맺고 세계 최초의 5G 통신기반 스마트 테스트베드를 함께 구축해 협력하고 있으며, 같은 해 4월부터는 오송 철도 종합 시험 선로에 2대의 축소 시험 차량을 통해 시험을 진행했다. 열차 자율주행 시스템 기술개발 사업은 열차 운행의 효율성과 안전성을 획기적으로 개선하는 미래 원천 기술 확보를 위해 과학기술정보통신부 국가과학기술연구회의 BIG(Big Issue Group) 사업으로 진행 중이다. 시험은 열차의 위치만 고려하던 기존의 제어 방식에서 벗어나 위치 및 속도, 제동 거리 등 선행 열차의 주행 정보를 실시간으로 반영해 열차 간 안전 간격을 단축하는 '간격 제어 기술'과 열차와 열차가 지상의 관제 센터를 거치지 않고 직접 통신하며 분기기를 제어하는 '분기 제어 기술' 등으로 이뤄졌다. 열차 자율주행 시스템은 열차 간의 통신을 통해 열차의 경로, 정차역, 주행 속도 등의 정보를 공유하고, 이를 통해 열차 스스로 주행 안전 확보, 주행 중 자유로운 편성 조성, 이례적인 상황을 실시간 인지 · 판단하고 제어하는 지능형 열차 제어기술이다.

3. 레저(Leisure)

MoT 산업은 우리의 삶을 풍요롭게 만드는 '레저'의 영역 역시도 크게 바꿀 것이다.

자율주행 기술이 더 완전해지면 자동차 안은 레스토랑이 될 수 있다. 이제는 맛집에 줄 설 필요 없이 부르면 내가 원하는 레스토랑이 집 앞까지 와서 손님을 태우고 다이닝 서비스를 제공할 수 있다. 손님은 음식을 즐기며 멋진 자동차 밖 멋진 경치를 즐길 수 있다. 또는 중간 중간 일행을 태워 더 효율적으로 시간을 감축할 수 있다. 중국의 레벨 4 자율주행차 스타트업 Neolix는 KFC와 피자헛과 같은 세계적인 식품 대기업들과 손을 잡고 이동하는 레스토랑 서비스를 제휴했다. 이 무인 푸드트럭이 탄생한 배경에는 코로나19의 영향이 있다. 중국은 대체로 아침을 사 먹는 문화가 발달해 있기 때문에 출근시간이 되면 노점이나 패스트푸드점 등에서 아침 식사를 청하는 직장인들로 넘쳐났지만 코로나 19의 영향으로 상권이 죽게 되

▲ KFC 푸드트럭(자료: 네오릭스(Neolix))

었다. 이에 대한 대책으로 간단하게 만들어 포장을 운반해 갈 수 있는 무인 푸드트럭이 활성화된 것이다. Neolilx의 자율주행 KFC 푸드트럭은 미리 조리된 음식을 시내로 싣고 와 길거리를 지나다니는 사람들을 대상으로 판매를 한다. 이 푸드트럭은 평소에는 자율주행하다가 손님이 손짓을 하면 그 자리에 멈춰 선다. 손님이 메뉴를 선택하고 QR코드로 스캔만 하면 바로 결제가 되어 음식을 받을 수 있는 시스템이다. 이런 편리한 시스템은 음식을 기다릴 필요 없이 마치 자판기처럼 버튼을 누르기만 하면 바로 음식이 나오는 형태로 바쁜 출근 시간에 간편하게 음식을 받을 수 있는 장점이 있다. 무인 푸드트럭은 전방위 감지 레이더 센서와 카메라를 장착하고 있어 원격으로 조종이 가능하여 보행자를 피해 스스로 움직이며 손님이 제품을 수령하면 다시 운행을 시작한다.

▲ Volvo 360c(자료: Volvo)

또한 자율주행 기술은 장기간 운전하는 거리의 노동 시간을 숙면하는 시간으로 취할 수 있다. 이를 활용하여 차 안은 럭셔리한 호텔이 될 수 있다. 글로벌 차량 제조업체 볼보 자동차는 자율주행 자동차 개발을 위해 고도로 통합된 인공지능(AI) 차량용 컴퓨터인 엔비디아 드라이브 AGX 자비에를 통해 개발 및 지원에 필요한 총 비용을 절감하는 동시에 자율주행 기능 개발 과정을 간소화할 수 있게됐다. 볼보와 엔비디아는 360도 서라운드 인식과 운전자 모니터링 시스템을 독자적으로 통합한 자율주행 기능을 개발하기 위해 협력할 계획이며 엔비디아 기반 컴퓨팅 플랫폼을 활용해 새로운 연결 서비스와 에너지 관리 기술, 차량 내 개인화 옵션, 자율주행 기술 등을 구현한다. 2021년 볼보는 자체 침실을 갖춘 자율주행 차량에 대한 계획을 발표했다. 승객이 A에서 B까지 도착하는 동안 잠을 잘 수 있는 볼보의 360c 컨셉은 로스앤젤레스에서 샌프란시스코, 뉴욕에서 워싱턴 D.C 등 단거리 비행을 대체할 더 실용적이고 편안한 해결책으로 제시되고 있다. 보도 자료에 따르면, 360c의 내부는 네 개의 독특한 공간으로 변형될 수 있다: 수면 환경(풀아웃 침대가 있는 완벽한), 거실(의자 두 개와 작은 테이블이 있는), 이동식 사무실(거실과 동일하게 설치된), 엔터테인먼트 공간(음료와 음식을 위한 큰 테이블을 둘러싸는 의자 네 개가 있는). 360c는 운전자를 필요로 하지 않기 때문에, 기술적으로 승객들을 세 줄로 앉힐 수 있다. 볼보는 1927년부터 혁신적인 자동차들을 생산해 온 볼보의 다음 단계로 생각한다.

팬데믹의 여파와 주 5일 근무와 주 52시간 상한제로 늘어나면서 늘어난 여가 시간에 캠핑을 즐기는 캠핑족들이 늘어나고 있다. 기존 캠핑카는 운전자가 캠핑지에 도착한 후 캠핑이 시작되지만 자율주행 캠핑카는 차에 타자마자 휴일이 시작된다. 독일의 캐러밴 제조업체인 어윈 하이머 그룹은 '캐버밴 살롱'에서 2030년을 겨냥한 자율주행차 시대의 캠핑카 '하이머 갈릴레오'를 선보였다. 이 미래 캠핑카에는 별도의 운전석과 엔진 공간이 없어 실내를 더 쾌적하게 활용할 수 있고 좌석을 2개에서 4개로 확장하거나 침대로도 바꿀 수 있으며 문을 피면 식탁이 있는 데크가 된다. 또한 20가지 신소재를 이용해 캠핑카의 실내온도도 최적화할 계획이다. 이러한 형태의 자율주행 캠핑카는 대부분 장거리를 이동하는 캠핑 여정에 있어

▲ 자율주행 캠핑카 '하이머 갈릴레오'(자료: 어원하이머그룹)

운전할 필요 없이 차 안에 타는 순간 침대에 눕거나 오락을 즐기면
서 안락한 휴가를 시작할 수 있고 식탁으로 변하는 차문 등의 기능
등으로 캠핑 역시 더 편리하게 즐길 수 있다.

Haven은 젊은 층들을 위한 5 door 미니멀 전기 자율주행차이
다. 사이즈는 컴팩트하지만 요리와 숙면이 가능하여 도심형 차박차
로 유용하게 사용될 수 있도록 디자인 되었다. 자동차 창문은 파노
라믹 뷰가 가능하고 차 지붕은 모듈라 텐트가 된다. 오프로드 캠핑
족에게 RV(Recreational Vehicle, 캠핑카)는 집이 주는 아늑한 안락함과
야외의 그랜드함을 탐험할 수 있는 방법을 동시에 제공한다. 하지
만 캠핑카가 클수록 캠핑 장비의 크기도 커지게 된다. Haven은 주
말에 가까운 언덕으로 여행을 갈 때 필수적인 모든 가전제품들이

▲ Haven by 김태현

장착된 소형 캠핑 차량이다.

Haven은 별미 요리를 즐기는 고급스러움을 포기하지 않으면서 미니멀한 것을 좋아하는 MZ 세대에게 적합하도록 맞춤형 가전 제품 세트가 있는 레벨 5 수준의 자율주행 차량이다. 절벽에 주차하면 4도어 해치백의 팔콘 도어가 임시 차양의 두 배까지 열린다. 파노라마 창은 탑승자가 개방감을 즐길 수 있도록 한다. 잠을 잘 수 있도록 지붕에 있는 접이식 텐트는 다른 오프로드 차량처럼 칠 수 있다. 자동차 뒤쪽에 저장된 UI 인터페이스가 있는 가전 제품에는 와인 저장실이 있는 냉장고와 일체형 조리기가 포함되어 있다. 이러한 가전 제품의 저장실을 여는 것부터 그림 같은 배경에서 별미를 요리할 수 있는 쉬운 조작에 이르기까지 모든 것이 제스처 컨트롤이다. 아마도 식도락가 모험가에게 이상적인 차량이 될 것이다.

4. 로지스틱스(Logistics)

마지막으로 MoT 산업이 어떻게 '로지스틱스' 산업 현장을 바꾸어 놓을지 엿볼 수 있는 혁신적인 MoT 라이프 운송수단들을 살펴보겠다. 로지스틱스란 유통 합리화의 수단으로서 원료 준비, 생산, 보관, 판매에 이르기까지의 과정에서 물적 유통을 가장 효율적으로 수행하는 종합적 시스템을 말한다. 일반적으로는 택배 서비스처럼 물건을 나르는 서비스가 대표적인 로지스틱스 산업이다.

Serve Robotics는 Uber Eats와 파트너를 맺어 2022년부터 로봇이 로스엔젤레스에서 음식을 배달하며 라스트마일 모빌리티의 역할을 톡톡히 해내고 있다. 서브 로보틱스는 2021년 우버에서 분사한 자율 주행 로봇 회사로 보행자 전용 보도를 이용한 자율주행 배달 로봇을 전문으로 하고 있다.

서브 로보틱스가 시범 서비스를 실행한 기간 동안 조사한 데이터에 따르면, 자율주행 배달 로봇은 도보를 이용함으로써 자동차가 다니는 도로의 교통 혼잡을 줄임은 물론 대기 오염 역시 감소시킨 것으로 나타났다. 또한 가정 정문까지의 '마지막 마일' 배달의 효율성을 개선하고, 고객과 음식점에 새롭고 혁신적인 배달 방식을 제시했다고 지적했다.

▲ 배달 로봇(자료: 서브 로보틱스, 우버 이츠(Uber Eats))

현대자동차가 선보이는 MoT 콘셉트의 중요한 부분을 차지하는 요소 중 하나인 PnD(Plug & Drive) 모듈은 탈부착이 가능한 자율 주행 바퀴로, 360도 회전이 가능하며 기존에 움직이지 못했던 사물을 움직일 수 있도록 해 준다. PnD 모듈은 가구에서 커뮤니티 공간 전체에 이르는 모든 것에 모빌리티를 부여하여, 우리의 필요에 따라 자유롭게 이동할 수 있도록 해준다. PnD 모듈은 주행/조향/제동/현가 기능을 통합한 모듈로서 'Plug and Drive'라는 이름에 걸맞게 계속 회전해도 내부 전선이 꼬이지 않는 '스티어링 액추에이터' 기술이 적용돼 360° 회전할 수 있으며 어떤 사물에든 결합해 사물에 이동성을 부여할 수 있도록 설계되어 제약 없는 조향각과 최소화된 패키지 구조를 바탕으로 한 높은 플랫폼 확장성과 이동의 자율성을 특징으로 한다. 목표 하중에 따라 모듈의 사양을 결정하고 각 기능

▲ 서비스 모빌리티(자료: 현대자동차)

단위별 기구 및 전장 설계를 수행한다. 목적에 맞게 전장과 전폭이 결정된 바디부를 설계하고 모듈과 결합하여 플랫폼을 완성한다.

PnD 모듈은 MoT 생태계를 구축할 수 있도록 하는 기술의 일환으로 우리가 속해 있는 사회의 모든 부분에 혁신을 가져다 준다. 이제 미래에는 사무실에서 책상, 의자, 파일 캐비닛이 스스로 움직이게 될 것이다. PnD 모듈을 활용하면 기업과 직원 모두가 업무 공간을 재구성하고 취향에 맞게 사용할 수 있으며, 한 장소에서만 일해야 할 필요가 없어질 것이다.

현대차는 CES 2022에서 퍼스널 모빌리티, 서비스 모빌리티, 로지스틱스 모빌리티, L7 등 PnD 모듈을 적용한 네 가지의 콘셉트 모델을 전시했다. 그 중 서비스 모빌리티와 로지스틱스 모빌리티에

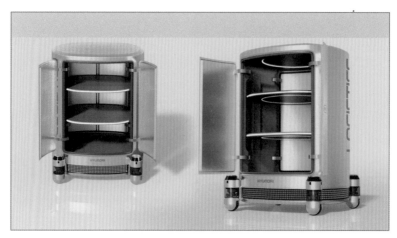

▲ 로지스틱스 모빌리티(자료: 현대자동차)

는 5.5인치 PnD 모듈 4개가 적용된 플랫폼을 기반으로 서비스 모빌리티는 호텔 등에서 고객의 짐을 운반할 수 있고 로지스틱스 모빌리티는 너비 130cm, 길이 110cm, 높이 180cm의 크기로 서랍처럼 수납 공간이 열리고 닫히는 형태로 물류 창고 등에서 물건을 나를 때 활용할 수 있다. 이렇게 모든 것을 움직이는 현대차의 '만능 바퀴'인 PnD 모듈은 결합하는 기기에 따라 그 크기와 개수를 자유자재로 조절하여 궁극적으로 이동성이 없는 다양한 사물에 적용하여 모든 사물이 이동의 자율성을 갖는 MoT의 시대를 열 핵심기술이다. 지금은 퍼스널, 서비스, 로지스틱스, L7의 총 4개의 PnD 모듈 적용 사례들이 소개되었지만 PnD 모듈은 어떠한 사물에도 결합될 수 있기에 이러한 역량은 새로운 가능성들을 열어 무궁무진한 가능성들을 열기에 충분한 사업모델이다. 앞으로는 사람이 사물을

▲ Drive N Lift(DnL) 모듈과 모베드(자료: 현대자동차)

옮기는 것이 아니라 사물들이 스스로 사람에게 찾아가는 세상이 PnD 모듈을 통해 구현될 것이다.

현대차의 또 다른 MoT 모듈인 'DnL 모듈은 Drive N Lift'의 약자로 각 휠에 장착된 모터가 바디를 들었다 놨다 할 수 있도록 설계돼 차체를 원하는 기울기로 조절할 수 있다.

PnD 모듈과 DnL 모듈의 가장 큰 차이점은 DnL 모듈은 자율주행 장치의 이동 범위를 평면에서 3차원으로 확장한다는 점이다. 바퀴형 자율주행 로봇은 계단, 험한 경사 등을 오르기 어렵다. 오를 수있다 해도 요철을 건널 때마다 내부가 흔들리기 일쑤다. DnL 모듈은 이 같은 자율주행 로봇의 단점을 극복하기 위한 장치다. 바퀴의 움직임과 로봇 몸체의 기울기를 제어해 자율주행 로봇이 험지도 주파할 수 있게 돕는다.

예를 들어 DnL의 첨단 기술을 통해 모베드(MobED, Mobile Eccentric Droid)는 기울어진 도로나 요철에서도 바디를 수평으로 유지할 뿐 아니라 휠베이스와 조향각을 자유자재로 조절할 수 있으며 안내나 배송 등 무인 서비스 모빌리티부터 사람이 탑승 가능한 버전까지 다양한 애플리케이션으로 활용될 수 있는 다목적 플랫폼으로 기능할 수 있다.

아마존은 Prime Air Drone, MK30을 발표하며 2024년 말까지 미국, 이탈리아, 영국의 3개의 도시들에 드론을 통하여 배달을 실시하겠다고 밝혔다. 프라임 에어 서비스는 드론을 이용한 아마존 배송 서비스다. 2013년 제프 베조스(Jeff Bezos) 전 CEO 때 계획됐다. 최대 5파운드(약 2.27kg) 상품을 30분 내에 배송하겠다는 의지다. 10년 전 발표 당시, 공상 과학에나 나올 법한 내용이라고 여기는 사람들이 많았다. 그리고 실질적인 장애 요소도 많았다. 고정된 장애물은 물론이고 사람, 애완동물, 항공 물체처럼 움직이는 장애물을 식별할 수 있는 드론이 필요했다. 또한 미 연방항공청(FAA)의 무인항공기 배송서비스 승인도 필요했다. 아마존은 10년간의 노력 끝에 드론 배송을 현실화 시켰다. 2022년 말 캘리포니아 록포드(Lokeford) 지역을 시작으로 특정 품목 구매 시 '프라임 에어 드론 배송 서비스'를 제공할 것이라고 발표했기 때문이다. 서비스에 사용되는 드론은 움직이거나 고정된 장애물을 피할 수 있는 '감지 및 회피 시스템(sense-and-avoid

▲ 프라임 에어 드론(자료: 아마존)

system)'이 장착됐다. 2020년 미 연방항공청으로부터 드론 항공 운송 면허도 받았다. 프라임 에어 드론 서비스 작동 방식은 이렇다. 먼저 배송품을 드론에 장착 시킨다. 배송지까지 안전하게 날아간 후, 12 피트(약 3.66미터) 상공에서 배송품을 도착 지점에 떨어뜨리고 복귀한다. 이를 통해 배송에 필요한 트럭, 인력, 그리고 배송시간까지 줄일 수 있는 셈이다. 아마존 배송 시간은 계속 단축되고 있다. 2일의 배송 기간을 1일로, 1일의 배송 기간을 당일로 단축시켰다. 이제 프라임 에어 서비스를 통해 당일 배송기간을 1시간 혹은 30분 내로 단축시켜 버리고 있다. 또한 아마존의 개발자들은 MK30의 프로펠러의 소음을 기존 드론의 소음의 반으로 줄였다고 발표했다.

MoT로 인하여 한국의 물류 산업이 실시간으로 변화하고 있다.

▲ 자동 팔레트 트럭(EPT)(자료: CJ로지스틱스 아메리카)

'혁신기술기업'으로 거듭나기 위한 미래비전을 발표한 CJ대한통운은 물류센터 자동화에 박차를 가하고 있다.

현재 미국 텍사스에 위치한 CJ로지스틱스 아메리카 물류센터에서는 자율주행 이송 로봇(AMR), 자동 팔레트 트럭(EPT), 자율주행 트럭 로더(ATL) 등 맞춤형 자동화 로봇 기술 도입을 위한 다양한 현장 테스트가 진행되고 있다. 자율주행 이송 로봇(AMR)들은 물류센터를 돌아다니며 작업자들에게 피킹 작업에 필요한 동선이나 상품의 위치를 안내하고 필요한 장소로 옮기는 역할을 한다. 자동 팔레트 트럭(EPT)은 장거리 횡단 이동에 최적화된 무인로봇 장비로 한 번에 최대 4개의 팔레트를 동시에 옮길 수 있다.

▲ 자율주행 이송로봇(AMR)(자료: CJ로지스틱스 아메리카)

• 시사점

이처럼 MoT 산업은 작은 바퀴 모듈에서 1인 이동 모빌리티, 자율주행차, 에어택시, 드론, 화물 팔레트 등 사물에 이동성을 부여하여 움직이는 모든 운송 수단을 포함하는 광범위한 산업이다. 현대 자동차가 선포한 미래 모빌리티의 비전처럼 미래에는 인간이 사물을 움직이는 것이 아니라 바퀴 모듈과 자율주행 기술의 융복합으로 어느 사물에든 결합되어 사물이 인간 주위를 움직일 것이다. 또한 사물이동성 산업은 기후 변화와 도시 인구 증폭 등의 불가피한 미래의 위기를 기회로 바꿔줄 유일한 대안이기도 하다. 1인이 자동차를 소유하는 대신 전기차 등 신재생에너지로 달리는 다양한 무연 운송수단들을 공유하며 최소한의 운송수단으로 최고의 효율을 내는 동시에 승객은 운전하지 않고 가장 편안한 자세로 원하는 도착지에 도달할 것이다. 그렇기에 MoT는 인류의 삶의 모든 방면을 송두리째 바꿔 놓을 것이 분명하다.

필자는 이 책을 통하여 한국의 수도인 서울에 MoT 통합 플랫폼을 지음으로써 서울을 세계적인 MoT의 중심 허브로 재탄생시키기 위한 미래를 준비하는 대안을 제시하고자 한다.

미래는 준비하는 자의 몫이다. 디지털화 된다는 것은 피할 수 없는 미래 사회의 변화를 어떻게 받아들이냐에 따라 결정이 된다. 특히 한국은 이미 고령화 시대에 접어들었다. 100세 시대를 어떻게 살아갈까? 언제까지 자식들에게 효도를 강요하고 부모의 미래를 책임지라고 하면 우리 자녀 세대들은 부모를 어떻게 대할까? 자녀들이 부모를 위해 할 수 있는 것은 MoT 기술 발전을 개발하는 것이다. 이미 세계는 MoT 시대에 들어와 있다. working, living leisure, logistic 등 라이프 스타일이 바뀌고 있다. 사람이 디지털을 이용하여 움직이는 것이 아니라 사물이 AI를 통하여 사람을 움직여 보다 풍요로운 세상과 미래를 만들어갈 것이다. 고 박정희 대통령이 경공업과 중화학공업을 거쳐 조선, 철강, 반도체를 통하여 40년 이상 미래의 먹거리를 제공하였듯이 우리도 자녀들이 살아갈 미래사회 먹거리를 위하여 MoT Business와 Platform을 만들어 글로벌 비즈니스를 선도할 때 한국의 미래가 있다.

우리는 이미 글로벌 경제발전을 이룩한 경험을 가지고 있다. 미래산업을 육성하기 위해 고 박정희 대통령은 조선, 철강, 반도체 건축 인프라를 만들기 위해 아낌없이 지원을 하고 감독을 하고 성과를 내었다. 우리도 다시 한번 글로벌 Top 2를 위한 시도를 해야 하고 그것이 바로 MoT 비즈니스 사업을 육성하는 것이고 그것을 만들기 위해 MoT 플랫폼 비즈니스인 MoT 전시회를 하는 것이다.

고 박정희 대통령은 가난한 나라 한국을 일으키기 위해 제일 먼저 한 것이 해외 유학파들을 국내로 불러들여 산업을 일으켰다. 무슨 일을 하든 제일 중요한 것이 인재이고 그 인재 한 사람으로 지금의 코리아가 만들어진 것이다.

삼성의 2대 CEO인 고 이건희 회장이 늘 강조하던 것이 있다. "십만 명을 먹여 살릴 인재 한 명을 찾아야 한다." 아무리 좋고 훌륭한 시스템을 만든다 하더라도 그 시스템을 운영하여 발전시킬 인재가 없다면 무용지물이 된다. 우리는 한국의 미래를 책임질 '핵심인재'를 키워야 한다. 왜냐하면 한국은 자원도 없고 인구도 없는데 핵심인재를 키워 세계가 놀라는 '한강의 기적'을 만들었다. 지금도 한국은 핵심인재를 키우고 발굴하는 시스템을 만들고 그 주역들이 무대에서 마음껏 놀 수 있게 만들어 주어야 한다. 그 무대가 바로 'MOT Stage'이다. 이것을 위해 우리는 십만 명을 먹여 살릴 수 있는 핵심인재를 키우고 발굴해야 한다.

국가가 미래 사회의 주인공들을 위하여 무엇을 할 것인가? 국가는 국민들의 행복과 의식주가 풍요로운 환경을 만들어 주어야 한다. 아무리 국가가 좋은 이념과 가치를 추구한다고 하여도 국민이 배고프고 생활이 힘들면 행복하지 않다. 인간의 기본적인 욕구와 행복은 '경제'와 '문화'에 달려 있다. 우리는 지금껏 조선, 철강, 반도체라는 무기로 선진국에 진입했다. 그러나 우리의 모델이었던 일본이 세계경쟁에서 무너진지 오래되었다. 왜일까? 미래 시대 경제의 핵심인 '플랫폼 비즈니스'를 하지 못했기 때문이다.

"재주는 곰이 부리고 돈은 사람이 갖는다."

자본주의의 꽃은 부의 이동이다. 누구나 성공하고 싶고 원하는 부를 가져 누리고 싶어 한다. 그래서 사람들은 교육을 받고 혹은 직장에 취직하고 더 나아가 사업을 하여 막대한 이익을 창출하고 싶어 한다. 그러나 인류 전체의 인구 중 얼마나 성공한 사람으로 살아갈 수 있을까?

선진국으로 진입하기까지 한국은 어떤 과정을 거쳤을까? 1차 소비재 생산을 하는 경공업에서 중공업 국가를 이루고 그 다음 반도체를 통하여 IT 강국이 되었다. 그동안 한국의 경제는 조선, 철강, 건축, 반도체 비즈니스가 주류를 이루어 '한강의 기적'을 만들어 모든 국가들이 부러워하는 부강한 나라가 되었다. 그러면 지금 우리

경제의 뿌리인 조선, 철물, 건축, 반도체는 안전한가? 이미 중국이 우리 턱 밑까지 추격을 해 우리의 글로벌 시장을 빼앗고 있다. 우리 한국이 글로벌 경쟁력 시장에서 살아남으려면 무엇을 해야 할까?

이번 라스베이거스 CES 전시회에 삼성이 가서 쓴 전시 비용만 '300억 원'이다. 겉으로 보면 삼성전자의 신기술을 선보여 간접적인 이익은 많이 낸 것처럼 보일 수 있다. 그러나 정말 막대한 이익을 보는 것은 CES로 인한 미국과 CES 관련 비즈니스를 소매 수익 600조 원의 이상의 수익을 낼 것이다. CES를 만들 것인가? CES에 돈을 내고 참가하여 돈을 벌 것인가? 우리는 선택의 기로에 서 있다.

Chapter **2**

왜 우리는 플랫폼
비즈니스를 해야 하는가?

이제 우리는 MoT가 인류의 삶에 전반전으로 일으킬 반향이 어떠할 지 워크(Work), 라이프(Life), 레저(Leisure), 로지스틱스(Logistics)라는 4가지의 측면으로 나누어 살펴 보았고 왜 MoT가 대한민국의 미래에 꼭 필요한 산업인지 살펴보았다. 이번 장에서는 왜 한국에 MoT 글로벌 쇼라는 전시회를 개최함으로써 MoT를 주제로 한 MICE 플랫폼을 한국에 만들어야 하는지를 다음의 3가지의 이유로 살펴보고자 한다.

MICE 플랫폼이란?

마이스(MICE) 산업은 Meeting(회의), Incentives Travel(포상여행), Conventions(컨벤션), Exhibitions/Events(전시/이벤트) 사업으로 지식 집약형 첨단 서비스 산업으로 관광, 교통, 숙박 등 전후방 관련 산업 파급 효과가 막대한 고부가가치 산업으로, 경제적 파급 효과와 일자리 창출 효과가 뛰어난 산업이다. 청년 고용이 필수적인 관계로 청년 실업 문제의 대안이 될 것으로 기대되며 마이스(MICE) 산업은 지식의 창조, 발전, 공유와 확산, 융복합을 매개하는 플랫폼 산업으로, 신제품, 신기술, 무역사업 관련 정보가 교류되고 무역 상거래가 증진된다. 이와 더불어 각종 국제행사, 이벤트 개최 등은 도시 이미지 제고로 이어져 국제 도시로의 성장을 이끄는 역할을 한다.

플랫폼이라고 하면 우리는 흔히 다양한 서비스를 제공하는 휴대폰 어플을 떠올리지만 디지털 플랫폼이 존재하기 전에 먼저 존재하던 플랫폼 사업 모델은 바로 MICE 플랫폼 산업이다. 오늘날 플랫폼 사업의 정의는 '통상적으로 디지털 플랫폼을 통해 둘 이상의 사용자 또는 그룹 간의 상호작용을 촉진하여 가치를 창출하는 방법'이라고 사전적으로 정의되지만 MICE 플랫폼은 디지털 플랫폼이 소개되기 전부터 오늘날의 디지털 플랫폼의 역할을 한 오프라인 플랫폼이라고 이해하면 되겠다. 플랫폼의 형태가 오프라인 형태이든 온라인의 디지털 형태이든 말하고자 하는 요점은 '플랫폼'에 참여하여 비즈니스 가치를 창출하는 사용자들보다 훨씬 더 많은 수익을 창출하는 고부가가치 비즈니스 모델이라는 데 있다. CES에 참가하는 전시자들보다 CES라는 MICE 플랫폼이 비교할 수 없는 수익을 창출하며 기업 공개(IPO)를 준비 중인 우버의 기업

가치는 USD 1,200억(약 135조 원)으로 평가받아 IT 기업 부문으로는
사상 최대의 수준으로, 완전체 자동차들을 제조하는 GM, 포드,
FCA 빅 3를 합친 것보다 많고 현대차(USD 198억~22조 원)보다 6배나
많은 것이 대표적인 예이다.

우버처럼 차량을 서비스로 활용하는 경제를 MaaS라고 하는데
이로 인하여 앞으로는 자동차, 비행기, 선박 등 전통적인 운송 수단
을 제조하는 제조업체들보다 플랫폼을 소유한 IT 기업들이 훨씬 우
위를 점하게 될 것이다. 자동차 시장만 본다면 ReThinkX(미국 신기술
부문 연구소)에 따르면 MaaS의 확산으로 차량 수요가 격감해 2030년
까지 완성차 업체 수익이 80% 가량 나빠질 것이라고 예상했다. 다
시 말하면 현대와 기아 같이 전통적으로 자동차를 제조하여 판매하
는 기업들은 MaaS의 시대를 준비하지 않는다면 사라질 위기에 놓
인다는 얘기다. 그래서 현대 자동차가 전통적인 자동차 제조 업체
에서 미래의 모빌리티가 될 MoT 분야의 다양한 운송 수단들을 만
드는 데 투자하여 미래의 먹거리를 준비하고 있다. MaaS의 시대가
오면 기존의 자동차들은 사라질 때 '퍼스널 모빌리티', '라스트마일
모빌리티', '로지스틱스 로봇'과 같은 새로운 MoT 운송 수단들에
대한 수요를 선점하겠다는 움직임이다.

하지만 새로운 MoT 모빌리티 완제품들보다 필자가 더 가치를

두고 생각하는 것은 MICE 플랫폼이다. MoT라는 거대한 미래 산업이 오늘날의 모빌리티 산업을 대체할 때의 우리나라의 많은 GDP를 책임지는 현대와 기아차의 수출이 저조해질 때 한국의 대책은 무엇인가? MaaS의 시대에는 차량을 소유하지 않고 서비스로 공유함으로써 탄소 배출을 최소화하며 이동거리가 최소화되는 스마트시티의 형태 안에서 사람들이 살아갈 것이다. 그때에는 모빌리티 하드웨어의 제조의 수요가 지금의 80% 이하로 극감될 것이다.

그렇다면 우리는 '플랫폼'에 눈을 돌려야 한다. 넷플릭스가 생기고 DVD방이 문을 닫은 것처럼 현존하는 많은 자동차 제조업들도 문을 닫을 것이기 때문이다. MICE 플랫폼은 디지털 플랫폼보다 훨씬 더 많은 경제적 파급효과를 창출한다. 청년 실업률을 해결하며 국가의 이미지를 제고시키며 관광, 교통, 숙박 등 전후방 관련 산업 파급효과와 미래 산업에서 가장 큰 파이를 쥐고 있는 MoT 산업 관련 무역 상거래를 증진하여 지속가능한 고부가가치를 창출하는 사업이다. 또한 MICE 플랫폼은 짧은 시간 안에 높은 수익을 올리는 고도의 효율성을 겸비한 사업이기도 하다. 삼성은 1년 365일 일을 해서 6.57조의 영업 이익을 남기지만 CES는 1년에 4일 동안 개최되는 전시회를 통하여 삼성의 98배가 되는 647조의 수익을 남긴다. 높은 인건비와 인구절벽 그리고 고령화 시대가 다가올수록 우리는 사업의 효율성에 집중해야 한다. 다음은 우리가 왜 MICE 플랫폼을 해야 하는지 3가지의 사례들을 통해 살펴보고자 한다.

1. 글로벌 경쟁력 확보

대한민국은 짧은 시간 안에 눈부신 경제 성장을 이룬 나라이다. 그 근간은 제조업과 IT 강국 그리고 K-콘텐츠 등에 기초하여 세계적으로 걸출한 대기업들을 배출해 냈다. 이러한 경제성장의 기초는 내수 시장을 탄탄히 한 것은 물론 수출시장을 내다 본 박정희 대통령의 혜안에 있다.

인터넷의 발달로 인해 국가 간의 국경이 허물어지며 이제 비즈니스는 단순히 내수 시장을 무대로 하고 있지 않고 세계를 무대로 어디든 유동적으로 확장이 가능한 시대이다. 그리고 전 세계 인구를 대상으로 무역 동맹국들을 맺어 개방적인 경제를 이끄는 국가들은 하나같이 OECD 선진국이 되었다.

미국이 세계 패권국이 된 것은 바로 미국에서 성공하면 전 세계에서 성공으로 이어지는 글로벌 비즈니스 모델 때문이다. 언어가 통하지 않아도 대부분의 전 세계 사람들은 할리우드 영화와 음악을 접한 적이 있으며 애플사의 제품들을 광고들을 통해 최소한 한 번은 접해 본 적이 있을 것이다. 뿐만 아니라 구글, 유튜브, 페이스북, 인스타그램, 아마존, 넷플릭스, 디즈니 플러스 등은 전 세계인들이 즐겨 사용하는 온라인 플랫폼 서비스를 성공적으로 상용화했기 때문이다.

앞서 살펴본 MICE 플랫폼 비즈니스는 산업적 정의로는 전시 사업으로 지식집약형 첨단 서비스 산업으로 관광, 교통, 숙박 등 전후방 관련 산업 파급 효과가 막대한 고부가가치 산업이다. 미국의 CES는 라스베이거스라는 교통의 허브에서 출발하여 미국의 세계화 전략으로 세계적인 허브가 되었기 때문에 연 소매 수익 600조 이상을 벌어들이는 가장 성공한 MICE 플랫폼이 될 수 있었다. 한국의 경우 2030년 5월부터 6개월간 부산엑스포가 열리게 되었더라면 이 기간 동안 5,050만 명이 관람했을 것이고 이에 따라 43조 원의 생산이 유발되고, 18조 원의 부가가치를 기대할 수 있으며, 50만 명 규모의 일자리를 창출할 수 있다는 게 국책연구기관의 분석이다.

이처럼 MICE 플랫폼이 중요한 이유는 박람회라는 플랫폼 비즈니스 모델이 가져다주는 단기간 수익의 극대화도 있지만 장기간으로 보면 수출 성과에 중대한 영향을 주고 이는 결국 국가의 글로벌 경제력에 지대한 기여를 하기 때문이다. 대한민국의 경제의 실질 국내 총 생산에서 수출이 차지하는 비중은 24.2%로 수출은 대한민국이 세계 무대에서 발휘하고 있는 글로벌 경쟁력을 나타내는 바로미터이다. 이제 수출이 국민 경제에 기여하는 효과를 알아보겠다.

대한민국 대세계 수출	6,444억 달러(사상 최고치)
수출의 국내 경제 성장 기여도	경제 성장률 4.1% 중 절반 이상인 2.1%
수출이 차지하는 국내 총생산 비중	37.9%(최근 5년 중 최고치)
수출이 유발한 부가가치가 국내 총생산에 차지하는 비중	24.2%(전년 대비 1.1% 상승)
수출이 유발한 부가가치액	4,022억 달러(전년 대비 23.9% 증가)
부가가치율	62.4%
생산 유발액	1.17조 달러(전년 대비 24.6% 증가)
생산 유발도	총 수출의 1.83배
수출의 취업 유발 효과	405만 명으로 전년(344만 명)과 비교해 17.8% 증가

▲ 수출의 국민 경제 기여 효과 분석(2021년)

2021년 한국의 수출은 코로나19 이전과 비교해 생산, 부가가치, 고용 측면에서 우리 경제에 크게 기여하며 우리나라의 경기 회복을 주도했다. 특히 2021년 코로나 팬데믹이 한창일 때 한국의 대세계 수출은 6,444억 달러로 사상 최고치를 달성했다. 수출의 국내 경제 성장 기여도는 전체 경제 성장률인 4.1%의 절반 이상인 2.1%로 국내 경제 성장에서 수출이 차지하는 비율은 매우 중대하다. 뿐만 아니라 수출이 차지하는 국내 총생산 비중은 37.9%로 2021년 전 5년 중 최고치였으며 수출이 유발한 부가가치가 국내 총생산에 차지하는 비중은 24.2%로 약 4,022억 달러로 2021년의 전년에 비해 23.9%나 증가한 액수이다. 특히 총 수출이 국내 부가가치를 창출하는 정도를 나타내는 부가가치율(부가가치 유발액/총 수출액)은 62.4%로 절반을 훨씬 넘어서는 수치이다. 수출의 최종 수요 발생이 직·간접적으로 전 산업 생산에 미치는 영향인 수출의 생산 유발액은 전년 대비 24.6%나 증가한 1.17조 달러이며 이 금액은 총 수출의 1.83배가 되는 생산 유발도이다. 마지막으로 수출의 취업 유발 효과를 보면 한국의 총 취업자 2,727만 명 중 14.9%인 405만 명으로 2021년의 전년도와 비교했을 때 17.8%나 증가한 숫자이다.

2021년은 2020년 코로나 팬데믹 후 백신접종으로 이어진 년도로 백신패스로 시민들의 동선이 제한되는 등 여전한 내수시장의 경기의 침체가 계속된 해이다. 이러한 팬데믹으로 인한 경기 위기 속에서 '언택트' 사회적 분위기 때문에 전 세계적으로 온라인 구매가 더욱 활성화되며 수출시장은 더욱 성장하여 내수 경기 침체의 위기 속에서 위기를 기회로 만든 것이 숫자적으로 검증이 된 것이다.

이렇듯 수출 시장은 내수 시장에 국한되지 않고 안정적인 국민소득과 한 국가의 경제 성장을 보장하며 위기 속에서 더욱 빛을 발하는 중요한 경제의 측면이다. 이러한 수출 시장을 더욱 활성화하기 위한 기반이 되는 것이 플랫폼 비즈니스이다. 먼저 세계에서 가장 성공한 CES 전시회의 경제 효과를 알아보겠다.

CES 계약 규모	5억~10억 달러(약 6,000억~1조 2,000억 원)
참관객 수	20만 명
라스베이거스 시가 얻는 경제적 효과	2억 1,000만 달러(약 2,231억 원)
B2B 수익 / 업체	300억~400억

▲ CES 전시회 경제 효과

CES 전시회는 처음에는 뉴욕에서 1967년에 시작했지만 1978년부터는 여름에는 라스베이거스에서 겨울에는 시카고에서 격년제로 운영되었었다. 그러다가 1995년부터 라스베이거스로 완전 개최지를 옮겼으며 2015년부터는 상하이에서 별도로 CES ASIA라는 타이틀로 개최되고 있다. 거의 50년 동안 라스베이거스는 CES로 인해 수익을 벌어들인 셈이다.

이제 MICE 플랫폼이 수출의 성과를 미치는 영향에 대한 연구 결과를 보겠다. 전시 산업을 활성화하기 위해서는 본원적 활동인 전시회 개최만으론 부가가치 창출이 한계가 있으며 지원적 활동인 숙박, 쇼핑 등과 연계하는 새로운 복합 서비스 개발도 필요하다. 무역전시회는 컨벤션, 관광 등과 연계된 하나의 산업으로 인정받고 있고, 실제로 고용 창출이나 연관 산업에 대한 파급 효과 등이 일반 제조업에 비해 높다. 무역전시회는 기업들이 제품과 서비스를 출품하여 구매자를 만나 거래와 판매를 이루는 판매기능과 시장, 산업, 경쟁자 등의 정보를 수집하고 기업 및 제품을 홍보하거나 고객과의 관계를 강화하기 위한 커뮤니케이션 기능을 수행한다. 무역전시회는 가격, 유통, 디자인 결정, 커뮤니케이션 등 통합마케팅의 수단이다.

무역전시회 참가가 중소기업의 수출 성과에 매우 긍정적인 영향을 미치는 것을 검증하기 위한 무역전시회 참가 중소기업의 수출성과를 결정하는 요인에 관한 연구에 의하면 중소기업 내부의 글로벌 역량이 무역전시회 참가 동기와 수출 성과에 크게 영향을 미친다는 사실을 증명하였다.

구분	관련기업 수	계약건 수	평균 계약금액	총 매출 효과
국내 매출 증대 효과	16,729개 사	184,019건	168,626,786원	2조 8,210억 원
해외 매출(수출) 증대 효과	5,819개 사(26%)	23,276건(11%)	$122,629 (129,154,089원) (44.5%)	7억 1,358만 달러 (7,515억 원) (21%)
총 매출 증대 효과	22,548개 사	207,295건	약 2억 9,000만 원	3조 5,725억 원

▲ 국내 전시회의 기업 매출 증대 및 수출 효과 분석 결과

위 결과는 2014년 말부터 2015년 상반기까지 국내에서 개최된 인증전시회에 참가하는 2,290개 기업을 대상으로 설문조사를 실시해 1,312개 기업으로부터 응답을 받아 전시회 참가를 통한 내수 및

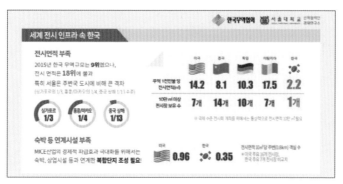

▲ 전 세계 국가별 전시 인프라 규모(한국무역협회)

수출계약 성사 여부, 전년도 매출액, 예상 매출 증대 효과를 분석한 결과이다. 참가 기업 중 26%가 해외 기업이고 계약건수 중 11%가 해외 계약건이다. 기업당 평균 계약 금액을 보면 전체 평균 계약금의 44.5%에 해당하는 금액이며 해외 매출은 전체 전시 매출의 21%에 해당한다. 이러한 수치를 보면 아직 한국의 전시 산업은 해외 수출보다 국내 내수 시장의 비율이 더 높은 것을 알 수 있다.

또한 CES전시회는 업체당 얻는 B2B 수익이 평균 300억에서 400억 원인데 비해 한국은 평균 계약 금액이 국내외 포함 약 2억 9,000만 원밖에 하지 않는다.

이와 같은 결과는 우리나라는 무역 규모에 비해 무역전시회 인프라는 경쟁국에 비교해서 규모 면에서 크게 뒤지기 때문이다.

2015년 한국 무역 규모는 전 세계 9위였으나 전시면적은 전 세계 18위에 불과하다. 특히 서울은 주변국 도시들인 싱가포르, 홍콩/마카오, 상하이에 비해 큰 격차가 있다. 서울은 싱가포르에 비해 전시면적이 1/3밖에 안 되며 홍콩/마카오에 비하면 1/4, 중국 상하이에 비하면 1/13밖에 되지 않는다. 무역 1,000만 불 당 전시면적을 보면 서울은 무역 1,000만 불 당 전시면적이 2.2제곱미터이지만 경쟁 국가인 이탈리아는 17.5제곱미터, 미국은 14.2제곱미터, 독일은 10.3제곱미터, 중국은 8.1제곱미터로 비교적 매우 작은 전시 면적을 갖고 있다.

한국은 이뿐만 아니라 숙박 등 연계시설이 부족하다. MICE 산업의 경제적 파급효과를 극대화하기 위해서는 숙박, 상업시설 등과 연계된 복합단지 조성이 필요하다. 따라서 우리나라도 해외의 우수한 무역전시회를 유치하고 개최할 수 있도록 무역전시회 시설기반 확충과 3%대에 머무르는 국내 무역전시회의 해외 바이어 비중을 획기적으로 끌어올릴 수 있도록 해외의 사례를 벤치마킹해볼 필요가 있다. 예를 들어 홍콩 트레이드 디벨롭먼트 카운실은 30여 개의 글로벌 전시회 개최 및 중소기업의 해외전시회 참가 지원, 온라인으로 180만 명의 바이어 와 13만 개의 공급자를 관리하는 O2O (Online to Offline) 융복합 플랫폼을 적극 활용하고 있다.

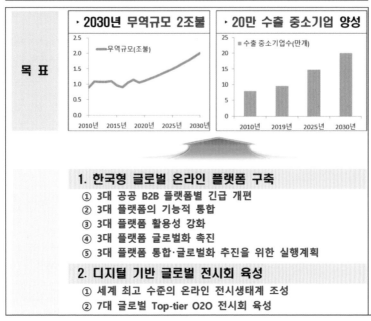

III. 목표 및 추진전략

목표

・2030년 무역규모 2조불
・20만 수출 중소기업 양성

1. 한국형 글로벌 온라인 플랫폼 구축
① 3대 공공 B2B 플랫폼별 긴급 개편
② 3대 플랫폼의 기능적 통합
③ 3대 플랫폼 활용성 강화
④ 3대 플랫폼 글로벌화 촉진
⑤ 3대 플랫폼 통합·글로벌화 추진을 위한 실행계획

2. 디지털 기반 글로벌 전시회 육성
① 세계 최고 수준의 온라인 전시생태계 조성
② 7대 글로벌 Top-tier O2O 전시회 육성

▲ 정부, 무역 디지털 전환 정책 (산업통상자원부 제공)

한국 정부는 우리나라 무역 규모를 2030년까지 2조 달러대로 끌어올리고 수출 기업 20만 개를 양성하기 위해 무역구조를 전면 디지털로 전환하여 재도약의 돌파구를 마련하기로 했다.

바로 한국의 3대 B2B 플랫폼인 중소벤처기업진흥공단의 고비즈코리아(GoBizKorea), 코트라의 바이코리아(BuyKorea), 한국무역협회의 트레이드코리아(TradeKorea)의 B2B(기업간 거래) 플랫폼을 통합한 '국가대표 온라인 플랫폼을 통해 디지털 수출 경쟁력을 강화하기 위해 디지털 기반 글로벌 전시회를 육성하여 세계 최고 수준의 온라인 전시 생태계를 조성하고 한국을 전세계 7대 글로벌 탑-티어 O2O 전시회를 육성하겠다고 발표했다. 이 통합계획의 마지막 단계는 '공동 한국관'이라는 글로벌 플랫폼을 구축하는 것이다.

한국이라는 작은 나라에서 수출을 증폭시키기 위한 무역 활성화를 위해서는 한국의 작은 전시 규모와 연계시설의 부족을 해결하기 위해 물리적으로 전시 인프라를 짓는 것도 중요하지만 팬데믹과 같은 위기가 있을 것을 대비하여 디지털 기반 전시 생태계를 구축하는 것이 함께 병행되어질 때 효율성을 극대화할 수 있다.

한국의 경제 성장률의 절반을 차지하는 수출시장과 무역 규모가 전 세계 9위를 차지하는 한국의 MICE 산업은 한국의 수출 경쟁력에 비하여 아직 많이 부족한 시점이다. 전통적인 관점에서 전시면적을 넓히고 숙박과 같은 연계 시설을 확장하는 것도 중요한 대책이지만 MICE 플랫폼을 디지털화하여 세계 최고 수준의 온라인 MICE 생태계를 조성하는 한국 정부의 전략을 적극 활용하여 정보통신강국 기반의 한국의 글로벌 경쟁력을 강화하는 전략이 필요해 보인다.

2. 일본이 세계경제 1위를 하지 못한 이유

두 번째로는 일본의 사례를 살펴 보겠다. 일본은 명목 국내 총생산이 세계 4위인 명실상부한 경제대국으로 구매력 평가 세계 4위, 외환보유고 세계 2위, 대외 순자산 규모 세계 1위, 무역 규모 세계 4위, 주식시장 규모 세계 3위, IMF 투표권 세계 2위 국가에 속한다. 비서양권 국가로서는 최초의 OECD 가입국이자 유일한 G7 회원국이기도 하다. 일본 엔은 유로와 더불어 비기축통화 중에서 가장 신뢰도 높은 안전 자산으로 취급받고 있다. 하지만 일본이 전 세계 상위권에 위치하고 있는 경제 강국임에도 불구하고 경제는 계속 저하할 것이라는 것이 전문가들의 분석이다. 일본은 세계 경제 4위의 국가이지만 2024년 기준 13년 만에 세계 경제 3위에서 독일에 밀려 4위로 하락한 결과이다. 세계 경제대국 순위가 13년 만에 '미국 - 중국 - 독일 - 일본'으로 바뀐 것이다. 일본이 독일에 역전된 이유는 장기적으론 일본이 거품 경제 붕괴 뒤 30년 가까이 경기침체가 이어진 데 반해, 독일은 조금씩 경제 성장을 거듭해 간격을 좁혀 온 결과이다. 두 나라 모두 대표적인 수출 강국이지만 OECD 자료를 보면 2000~2021년 사이 독일의 수출액이 3배 증가한 사이 일본은 1.6배 늘어나는 데 그쳤다. 또한 국제통화기금(IMF)에 의하면 일본은 2026년이면 인도에도 밀려 5위로 전락할 것이라는 분석이다.

우리는 일본의 사례를 보면서 왜 한국이 MICE(Meetings(회의), Incentives Travel(포상여행), Conventions(컨벤션), Exhibitions/Events (전시/이벤트) 플랫폼 비즈니스를 해야 하는지 살펴보려 한다.

일본 경제는 1990년대 초 버블경제[1]가 붕괴되면서 1991년에서 1998년 사이 실질경제성장률이 연평균 1%대를 기록하며 8년째 심각한 경기 침체 현상을 보였다. 1997년엔 23년 만에 첫 마이너스 성장률(-0.7%)을 기록했으며, 1998년 3/4분기엔 -2.8%로 최악의 마이너스 성장률을 기록함과 동시에 5분기 연속 마이너스 성장률을 기록하였다.

일본의 저명한 경제학자인 노구치 유키오 히토쓰바시대 명예교수는 일본이 반세기 동안 유지해온 선진국 지위에서 탈락할 가능성을 경고했다. 노구치 명예교수는 일본의 1인당 GDP가 경제협력개발기구(OECD) 회원국 평균 밑으로 떨어졌고 앞으로 더 떨어질 가능성이 크다는 것을 근거로 들었다.

일본은 도쿄 올림픽이 열리던 해인 1964년 OECD 회원국이 된이래 1인당 GDP가 줄곧 OECD 평균을 웃돌았으나 1990년대부터

---

1 버블경제: 일본의 '버블경제'는 1980년대 후반에서 1990년대 초반까지 지속된 현상으로, 부동산 및 주식 시장에서 급격한 인플레이션과 자산 가격 급등이 일어났던 시기

장기간의 경기침체를 거치면서 갈수록 순위가 하락하고 있다.

OECD에 따르면 2015년 기준 회원국 평균 1인당 GDP를 1로 잡았을 때 일본의 1인당 GDP는 0.981이었다. 그러나 이때는 엔화 약세의 영향이 커서 일시적인 현상으로 간주했다. 일본의 1인당 GDP는 2016~2019년에는 다시 OECD 평균을 웃돌았다가 2020년 다시 평균 밑으로 떨어졌다. 2020년 OECD 회원국 평균을 1로 잡았을 때 일본의 1인당 GDP는 0.939 수준이었다. 노구치 명예교수는 "2030년경이 되면 일본의 1인당 GDP는 OECD 평균의 절반 정도 수준이 될 것"이라며 "이 경우 일본은 어떤 정의에 의해서도 선진국이라고 말할 수 없게 될 것"이라고 지적했다.

이같은 경기 침체 장기화의 주요 원인으로 아래의 5가지 요인으로 분석했다.

- 노동생산성의 약화
- 금융자생력의 취약과 금융개혁의 지체
- 성급한 긴축재정에 의한 내수위축과 디플레 발생
- 산업구조의 소프트화 실패와 노동의 고용경 직성
- 동경 중심의 박람회 비즈니스 플랫폼 사업의 부재

그 중 다섯 번째 원인인 '동경 중심의 MICE 플랫폼 사업의 부재'를 살펴 보겠다. 일본은 최대 전시장인 도쿄 빅 사이트의 규모

▲ 코믹 마켓(코미케)

(80,660m²)가 작다 보니, MICE(회의 Meeting + 포상관광 Incentive Travel + 컨벤션 Convention + 전시회 Exhibiton) 산업에서 경쟁력을 상실하고 있다는 평가를 받는다. 세계 3위의 경제 대국인 일본이 MICE 산업에서 는 세계 3위 경제대국다운 모습을 전혀 보이지 못한다는 것이다.

일반 관람객 수 기준으로 일평균 방문객 세계 최대의 전시회인 코믹 마켓이 일본에서 열리기는 하지만 공간 부족 문제가 제기되고 있다.

유럽의 IFA, 미국의 CES 같은 전시행사들의 경우엔 전시장의 규모가 훨씬 넉넉해 비교적 덜 혼잡하다. 아니면 코믹 마켓 같이 동인지같은 크기가 작은 것들을 대상으로 한 것이 아닌 자동차, 산업기계 따위의 굵직굵직한 규모를 대상으로 하는 행사가 많다. 산업 무역 전시 분야에서는 현재 일본의 열악한 전시장 사정으론 꿈도 못 꾼다. 이는 일본의 전시 경쟁력 도태이기도 한데, 일본은 세계 3위 경제 대국임을 감안했을 때 지나치게 전시 행사가 적은 시장으로 꼽힌다. 북미, 유럽에서 갖가지 주제의 전시 행사들을 수십만 명 규모로 유치하는 반면 세계적으로 일본에서 내세울 만한 전시 행사라곤 도쿄 게임쇼, 도쿄 모터쇼, 코믹 마켓을 제외하면 아예 없는 실정이다.

도쿄 게임쇼는 도쿄 빅 사이트가 공간이 부족하다고 개최를 거부하여 1998년부터 도쿄가 아닌 지바의 마쿠하리 멧세로 튕겨나갔고, 2019년 지금까지 도쿄로 돌아가지 못하고 있다. 도쿄 모터쇼도 1989년부터 도쿄 빅 사이트의 자리 부족으로 마쿠하리 멧세로 튕겨나갔다가, 2011년에 와서야 도쿄 빅 사이트로 돌아올 수 있었지만 이쪽은 전 세계적으로 모터쇼가 사양길에 접어들어서 부지 문제와는 관계없는 어려움을 겪고 있다. 그 외에도 일본이 세계적으로 강세를 보이는 대표적인 분야인 철도와 사진기술과 관련한 박람회만 해도 독일의 이노트랜스와 포토키나를 첫손으로 꼽지 일본에서 시하는 MTI와 CP+를 꼽진 않는다.

일본에서도 초대형 컨벤션 센터가 필요하다는 것은 인지하고 있다. 2012년 수상에 취임한 (전) 아베 신조 역시 컨벤션 센터 건립을

▲ 도쿄 올림픽 경기장

추진한다는 공약을 걸었다. 그러나 도쿄 시내에 공간이 없어서 대책이 없는 실정이다. 2020 도쿄 올림픽 이후 도쿄 올림픽 경기장 중 일부를 철거하고 컨벤션 센터로 짓는 방안을 검토했지만, 도쿄 주경기장 신축 계획이 날아가면서 부지를 마련하기도 어려워져서 잠정 연기됐다. 고이케 유리코 도쿄도지사는 쓰키지 시장만이 도쿄에 남은 마지막 부지라며, 쓰키지 시장 재개발 계획을 수립하고 있다. 여기에 초대형 컨벤션 센터 계획이 포함되었는데, 다른 사업과 나눠서 하게 되면 결국 도쿄 빅 사이트나 마쿠하리 멧세의 재판이될 거라며 전시장 단독 건설을 검토하고 있다. 만약에 정말로 쓰키지 시장 재개발 사업이 컨벤션 센터로 성사된다면 그때는 좀 더 기대해 볼 수 있다. 다만 주변지구가 다 개발이 완료된 지역이라 추가적 부지 확보가 힘든 것이 문제이다.

▲ CES, 미국

이러한 일본의 실정은 소재, 부품, 장비 중심의 집약적인 산업은 성공했으나 이를 기반으로 더 큰 글로벌 마켓을 일본으로 진입시키는 것은 실패하였다.

반면 미국의 세계 최대 규모의 가전전시회인 CES(The International Consumer Electronics Show)는 206만 제곱미터의 전시장 규모에서 자동차, 산업기계 비행기 등의 굵직굵직한 규모의 산업을 수용할 수 있는 크기의 전시회장에서 개최되어 연 평균 소매 수익 400조 원 이상을 창출하며 미국의 랜드마크가 되는 전시회로 자리매김하였다.

미국의 MICE 산업은 일회성 전시 수익뿐만 아니라 기업간 고용창출, 기술융합, 수출/입 그리고 관광산업까지 더한다면 국익에 훨씬 더 많은 가치를 창출한다.

 한국은 일본의 사례를 보면서 안일한 자세를 취하는 것이 아닌 저출산, 고령화 시대의 스태그플레이션의 위기 속에서 미래를 내다보고 해외 시장을 국내로 유입시킬 MICE 플랫폼 산업에 주목해야 한다. 현재 서울시만을 따져 봤을 때 서울시의 전시 규모는 Coex 기준 3만 제곱미터에 지나지 않는다. 아직 한국의 수도권 서울을 대표할 수 있는 세계적인 전시 인프라가 부재하다는 것이다. 서울시는 이와 같은 한계를 극복하고자 Coex가 있는 서울시 강남에서 잠실운동장까지 총 부지 192만 제곱미터의 서울국제교류복합지구를 짓고 있다. 서울국제교류복합지구는 2031년에 완공될 예정이며 넉넉한 국제업무중심 복합공간(업무, 전시, 컨벤션, 판매, 숙박, 스포츠)과 63만 제곱미터의 한강/탄천을 중심으로 한 시민 친수 공간과 17만 제곱미터의 영동대로를 복합환승 스탑으로 이용할 예정이다. 2031년이면 한국에 CES의 26만 제곱미터의 전시 센터보다 큰 MICE 복합단지가 서울에 생기는 것이다. 그 중 스포츠와 MICE의 중심공간인 잠실부지는 2025년에 완공되어 전시면적 11만 제곱미터, 회의장 2만 제곱미터, 18만 제곱미터의 업무시설을 사용할 수 있게 된다. 뿐만 아니라 잠실부지에는 5성급의 호텔 300실과 4성급의 호텔 600실이 복합단지 안에 위치하고 있어 방문자들의 편의를 크게 개선시켰음을 알 수 있다.

한국은 일본의 발자취를 따라가는 것이 아니라 미국을 벤치마킹하여 내수시장에 머무르는 것이 아니라 전 세계인을 유입시킬 MICE 산업의 선두주자가 되어 미래의 먹거리를 준비해야 한다.

3. MoT 글로벌 쇼는 미래 비즈니스 통합 모델

마지막으로 대한민국이 왜 MoT 글로벌 쇼라는 MICE 플랫폼을 해야 하는지 MoT 글로벌 쇼의 비즈니스 모델과 한국 경제에 실질적으로 미칠 경제파급효과를 살펴 보겠다. 전 세계 전시회 산업은 2019년 기준으로 약 452조 원의 생산액을 산출했고 약 340만 명의 일자리를 창출했다. 그 중 아시아/퍼시픽 지역만 약 99조 원의 생산액과 약 96만 일자리를 창출했다. 세계적으로 가장 성공한 전시회인 CES 전시회와 세계에서 가장 큰 자동차 O2O 플랫폼 비즈니스 우버의 연간 매출을 비교해 볼 때 우버는 USD 33B(45조 원)이고 CES 전시회의 소매 수익은 연간 USD 485B(655조 원)이다.

CES 사례를 보았을 때 MICE 플랫폼은 가장 강력한 비즈니스 플랫폼이자 MoT라는 미래 산업의 가장 큰 축을 담당하는 자율주행 모빌리티가 MICE 플랫폼을 만나면 CES와 같은 폭발적인 국제적 영향력을 기대해 볼 수 있다.

전시회명		CES
O2O 플랫폼	전시회	B2B
		B2C
B2B 모델		멤버십
		전시
		광고
B2C 모델		참관비
		온라인스토어

▲ MoT 글로벌 쇼 MICE 플랫폼 비즈니스 모델

MoT 글로벌 쇼의 MICE 플랫폼 비즈니스 모델은 B2B와 B2C, 2가지의 측면을 갖고 있는 다각도의 비즈니스 모델이다. MoT 글로벌 쇼가 벤치마킹할 비즈니스 모델은 세계에서 가장 큰 성공을 거둔 전시회인 CES이다.

B2B 비즈니스 모델로는 참가사들을 대상으로 한 전시 매출과 각종 광고와 비즈니스 매칭 등의 혜택을 누릴 수 있는 멤버십에 있다. B2C 비즈니스 모델로는 참관비와 온라인 스토어를 통해 얻는 수익 모델이다.

B2B 모델	멤버십
	전시
	광고

▲ MoT 글로벌 쇼 B2B 비즈니스 모델

1) 전시가

박람회	CES Consumer Technology Association	MWC Barcelona	IFA
개최지	라스베이거스	베르셀로나	베를린
확장 국가	아시아(상하이)	미국(라스베거스) 아시아(상하이)	없음
개최 날짜	매해 1월(4일)	매해 2월(4일)	매해 9월(4일)
전시 규모	260,000m²	120,000m²	163,900m²
참가업체 수	3,273사	2,400사	2,000사
전시가	표준부스 $5,000~$20K (6,728,125~26,912,500) / 아일랜드부스 $20K(26,912,500)	비공개	의무 참가 비용 €370(약 54만 원) / 의무 배너, 벽 장식 비용 €1,450(약 210만 원) / 로고 / 나무장식 €300(약 44만 원) / $1m^2 = €885$ (약 130만 원)
참관객 수	11만 8,000명	88,500명	24만 명
참관비	20만 원 / 188만 원	126만 원 / 346만 원 / 709만 원	16,872원 / 32,814원

▲ 경쟁사 분석

IAA» MOBILITY	KES 2024
독일 여러 도시	강남(코엑스)
없음	없음
매 두해마다 8월 말~9월 중순(4일)	매해 10월(4일)
90,299m²	36,007m²
744사	500사/1,200부스
25m²: 2,100만 원	독립 부스: 300만 원
40m²: 3,400만 원	
60m²: 5,000만 원	조립 부스 기본: 350만 원 프리미엄: 450만 원
40만 7,000명	7만 명
개인: 25만 원	2만 원
31만 원	

MoT 글로벌 쇼의 전시가는 위 국내/외 6개의 경쟁 박람회를 분석해 봤을 때 최저가 295만 원에서 최고가 2천 700만 원까지 있다. 국내 박람회 기준으로 국제 모빌리티산업전과 서울 모빌리티의 전시가는 완전조립부스를 기준으로 최저가 260만 원에서 최고가 400만 원의 범위 안에 있다.

· MoT 글로벌 쇼 목표 규모

CES	MWC Barcelona	IFA	IAA MOBILITY	KES 2024
260,000m²	120,000m²	163,900m²	90,299m²	36,007m²

▲ 전시회 규모 경쟁사 비교

한 전시회의 규모는 참가 업체수와 수용할 수 있는 참관객 수에 의하여 정해질 수 있다. 세계 3대 국제 박람회 CES, MWC, IFA의 같은 경우 10만 제곱미터 이하는 없다. 독일에서 개최되는 자율주행차 전문 전시회 IAA Mobility 같은 경우 규모가 거의 10만 제곱미터이다. 대한민국의 자율주행차 관람회의 KOAA · GTT와 Seoul Mobility Show는 약 5만 3,000 제곱미터와 2만 6,000 제곱미터로 그 규모가 세계 3대 박람회들과 비교해봤을 때 약 반절 또는 그 이상으로 작다. 두 박람회 모두 서울이 아닌 경기도 고양시 킨텍스에서 개최한다.

10만 제곱미터 이상의 국제적인 규모의 박람회를 개최할 경우 이를 수용할 수 있는 서울 내 시설의 유무와 몇 십만 명의 참관객들의 주차와 숙박 등 연계 시설 확보 등이 가능한지의 여부를 먼저 따져 봐야 할 것이다.

저가　　　KES2024　　IFA　　　CES Consumer Technology Association　　IAA MOBILITY　　고가

CES Consumer Technology Association	IFA	IAA MOBILITY	KES 2024
표준 부스 $5,000~$20K (6,728,125 ~26,912,500)	의무 참가 비용 €370(약 54만 원)	25m²: 2,100만 원	독립부스: 300만 원
	의무 배너, 벽 장식 비용 €1,450(약 210만 원)	40m²: 3,400만 원	
아일랜드 부스 $20K(26,912,500)	로고/나무장식 €300(약 44만 원)		조립부스 기본: 350만 원 프리미엄: 450만 원
	1m² = €885 (약 130만 원)	60m²: 5,000만 원	

▲ MoT 글로벌 쇼 B2B 전시가

국제적 박람회의 성공 여부를 결정짓는 것은 참가하는 업체들과 그 수에 있다. 먼저 국제적 업체들과 유망한 국내외 스타트업들에 대한 사전 확보가 B2B와 B2C 매출로 이어질 수 있게 해주는 요인이고 사업체 수는 최소 3,000개를 목표로 한다.

항목	금액
전시평균가	2,750만 원
참여업체 수	3,000개 사
예상매출	825억 원

▲ MoT 글로벌 쇼 B2B 전시가 예상 매출

국내외 기업을 합하여 3,000개 업체가 참여한다고 봤을 때 표준 부스가 500만 원, 아일랜드 부스 5천만 원 기준 평균가 2,750만 원으로 계산해 봤을 때 전시가로 얻는 최소 매출은 825억 원이다.

2) B2B : 멤버십

MoT 글로벌 쇼의 두 번째 B2B 수익 모델은 멤버십이다. 박람회들은 보통 스폰서들을 통한 스폰서십을 통한 수익 경로가 있지만 스폰서십의 단점은 일시적이고 고정적이지 못하다는 것이다. CES 같은 경우 이러한 스폰서십을 통한 수익의 일시성을 해결하고자 스폰서십의 이익들을 포함한 멤버십 비즈니스 모델로 고정 수익을 확보하여 박람회의 B2B 주 수익원이 되었다.

CES가 멤버십으로 B2B 고객들을 유인한 방법은 바로 멤버십 가입 전시사들만 광고를 할 수 있는 체계 때문이다. 반대로 오직 전시사들만 멤버십에 가입할 수 있게 하여 자신의 업체를 광고하기 원하는 업체들은 전시에 의무적으로 참여할 수밖에 없기 때문에 전시 참여도를 증가시켜서 매출을 높이는 효과도 얻으며 멤버십 수익 모델을 통하여 전시와 스폰서십 매출 증가의 두 마리의 토끼를 잡는 효과가 있다.

MoT 글로벌 쇼는 CES의 이러한 B2B 수익 모델인 멤버십 비즈니스 모델을 벤치마킹하여 스폰서십을 멤버십 안에 포함된 하나의 패키지로 제안하여 일시적인 수익보다는 고정적인 수익을 가져올 수 있는 B2B 수익 구조를 설계한다.

박람회	MoT 글로벌 쇼
멤버십 연간 회원가	• 1천만 원 / 사업체(3명까지) • 추가 멤버 : 250만 원 / 1명당
멤버십 조건	전시사 한 해
전시자 특별 혜택	• 전시 부스 디스카운트 • VIP 네트워킹 런치 티켓
추가 접근 혜택	• 디렉토리 책자 소개 • 컨퍼런스 프로그램 25% 디스카운트 • 멤버 업체의 종업원 명수 제한 없이 프리패스
멤버스 라운지	• 프라이빗 미팅룸 제공 • Wi-fi • 간단한 음식 제공 • 테이블&시팅 • TV, PCs, 프린터
멤버스 온니 파티	MoT 멤버들과 그들의 게스트들은 MoT 멤버 파티 참여 가능
스폰서십 기회	MoT 멤버들은 MoT 스폰서십 기회 제공

▲ MoT 글로벌 쇼 멤버십 가격 및 혜택

연간 멤버십 가격	1천만 원(3명)	1천 5백만 원(5명)
예상 멤버십 가입사 수	1,000업체	1,000업체
예상 매출	100억 원	150억 원

▲ MoT 글로벌 쇼 B2B 멤버십 예상 매출

MoT 글로벌 쇼의 또 다른 B2B 비즈니스 모델은 멤버십을 통하여 오직 멤버십 가입 전시사들에게만 제공하는 혜택들을 통하여 고정된 연간 매출을 기대해 볼 수 있다.

• MoT 글로벌 쇼 B2C 비즈니스 모델

박람회	MoT 글로벌 쇼
(한글 이름)	사물이동성 국제 박람회
B2C 비즈니스 모델	
1	참관비
2	온라인 콘텐츠 판매

▲ MoT 글로벌 쇼 B2C 비즈니스 모델

3) B2C : 참관비

국내/외 경쟁사 박람회의 참관비는 국내는 무료에서 15,000원으로 매우 저가에 해당된다. 하지만 해외 박람회 같은 경우 최소 26만 원에서 420만 원까지 국내에 비해 매우 고가로 측정되어 있다.

저가　　　　고가

CES Consumer Technology Association	MWC Barcelona	IFA	IAA MOBILITY	KES 2024
Plus Pass 20만 원	Discovery 126만 원	Trade & Leaders 89,160~865,097	Crazy Early 209,112	사전 예약 무료
Deluxe 188만 원	Leader 346만 원	Visitor 16,872~32,814	Early Bird 227,732	현장 결제 2만 원
	VIP 709만 원		Standard 250,648	
			On Site 315,101	

▲ 전시회 규모 경쟁사 비교

CES Consumer Technology Association	MWC Barcelona	IFA	IAA MOBILITY	KES 2024
4일	4일	5일	6일	4일
3,273개 사	2,400개 사	2,000개 사	744개 사	550개 사
248개	250개	60시간 이상	150개	4개의 부대행사
930명	1,000명	250명	936명	알 수 없음
100만 원	420만 원	44만 원	26만 원	무료~2만 원

▲ 경쟁사 비교: 평균 참관비와 제공 콘텐츠

　이렇게 참관비의 가격에 극차가 있는 것은 박람회가 제공하는 콘텐츠에 달려 있다. 먼저 참가하는 전시 참가자들의 스펙과 수, 기조 연설가들의 영향력 그리고 제공하는 프로그램들의 퀄리티와 기간 등 양과 질에 따라 측정될 것이다. 제공하는 비즈니스 이점들이 많고 이로 인해 얻어지는 실질적인 비즈니스 성과가 참관비 측정의 기준이 될 것이다.

• MoT 글로벌 쇼 전시 분야와 경쟁사와의 차별성

세계 3대 박람회인 CES, MWC, IFA 중 CES와 IFA는 MoT(사물이동성)의 산업(로보틱, 드론, 스마트시티, 우주 테크놀로지, 지속가능, 모빌리티)을 포함하고 있지만 MoT(사물이동성)가 대표 테마는 아니다. MWC 같은 경우 MoT 산업은 전혀 전시하고 있지 않다. IAA Mobility는 자율주행차라는 대주제의 범주 안에 산업들을 분류하여 전시하는 형태이다. 반면 국내의 전시회들인 KOAA·GTT와 Seoul Mobility Show 전시회의 대주제는 '자동차'이고 자동차라는 큰 주제 안에 '자율주행차'가 포함된 형태의 전시를 하고 있다.

국내외 포함 'MoT(사물이동성)'라는 산업 분야만을 통합적으로 그리고 전문적으로 다루는 전시회는 없다. 자율주행차를 전문적으로 전시하는 IAA Mobility를 예로 들면 세계 3대 박람회보다 더 많은 참관객 수인 40만 명 이상의 참관객을 유치하였고 참관객의 70%가 40세 이하인 것으로 보고되었다. 이러한 결과는 '자율주행차'라는 아직 완전하게 성숙되어지지 않은 분야이지만 삶을 현신적으로 개혁해줄 신기술에 젊은 층의 큰 관심이 쏠리고 있다는 것을 증명해 주고 있다.

한정적    포괄적

	5G, 접근성, 첨단 에어 모빌리티, 인공지능, AR/VR, 크립토커런시&NFTs, 디자인/소싱/패키징, 가족/라이프스타일, 피트니스&웨어러블, 푸드 테크놀로지, 게임&E-스포츠, 홈 엔터테인먼트, 마케팅&광고, 로보틱&드론, 스마트시티, 스마트홈, 우주 테크놀로지, 스포츠 테크놀로지, 스타트업, 지속가능, 여행/투어리즘, 운송수단 테크놀로지, Web3&메타버스
	주분야 : 이동통신(5G, 가속, 리얼리티, 오픈넷, 핀테크, 디지털의 모든 것)
	오디오, 커뮤니케이션&연결, 컴퓨팅&게이밍, 피트니스&디지털 헬스, 글로벌 마켓, 홈&엔터테인먼트, 하우스홀드 기기, 이미지&비디오, 모빌리티, 지속가능마을, 로봇
	연결된 이동성, 스마트시티 인프라&지속가능한 공간들, 자율주행차, 도시 및 농촌 이동성, 데이터&사용자 경험, 지속가능한 이동성&원형경제
KES 2024	• 테크솔루션 AI, IoT, 로보틱스, 빅데이터, 딥러닝, PLM, MES, ERP, CAD/CAM, 스마트물류, FA시스템, 머신비전, 디지털트윈, 네트워크 • 가전스마트홈 스마트홈, 홈디바이스, 디지털헬스, 헬스케어, 뷰티케어, 슬립테크, 스마트 오피스 • 전자부품 및 소재 반도체, 디스플레이, 전장부품, 소재, 센서, 커넥터, 스위치, 계측기, 콘텐서 • 융합신산업 건물에너지, 핀테크, 스마트팜, 스마트시티, 통신, 클라우드, 앱/모바일, 풀필먼트, 이커머스, 리테일/유통 • 메타버스/홀로그램 디지털휴먼, 게임, 엔터테인먼트, 디지털 트윈, Web3.0, 블록체인, NFT, AR Glass, VR, XR • 모빌리티 자율주행, 자율이동로봇(AGV, AMR), 지능형교통시스템(ITS), 라이더, 전기구동시스템, 렌즈, 배터리, 충전 기술, 드론, 우주항공, 지도, 도심항공 모빌리티(UAM), 지역 간 항공 모빌리티(RAM) • ESG 탄소중립, 온실가스, 자원 순환, 수소/전기차, 연료지, 수소 충전소, 에너지효율, 화이트바이오, 기후, 환경

▲ 경쟁사 비교: 전시분야

성공적인 참관객 유치는 더 많은 분야들을 아우르는 규모에 있지 않고 시대적 흐름과 삶을 혁신적으로 바꿔줄 새로운 기술에 대한 전문성과 이에 전력하는 선택과 집중함에 있다는 것을 알 수 있다.

이러한 맥락에서 MoT(사물이동성)이라는 전시회 테마는 현재 젊은 층에서 큰 각광을 받고 있는 자율주행차 포함 로봇, 드론, 스마트시티, ESG 등 MoT(사물이동성) 등 시대의 현안들의 대응책으로 주목받고 있는 ESG경영의 신기술들을 심도 있게 소개해 주는 장으로써 화재성과 공익성 그리고 미래 경제력을 갖출 수 있도록 준비시켜주는 국제전시회로 자리매김할 수 있다.

MoT 글로벌 쇼와 같은 경우 IAA Mobility 박람회와 같이 전체 테크를 아우르는 CES, MWC, IFA와 달리 MoT(사물이동성)라는 하나의 분야를 전문적으로 하는 박람회이다. 때문에 목표 전시업체 수를 약 3,000개로 목표하는 것이 알맞아 보인다. 목표 프로그램 수는 기간 4일 안에 약 150개의 프로그램들과 500명의 연사들로 채워진다.

이를 바탕으로 참관비 일반가는 20만 원과 딜럭스 100만 원으로 두 가지 타입이 있으며 일반가는 전시회 참가만 가능하고 딜럭스 파스는 모든 프로그램에 참관할 수 있다.

박람회	MoT 글로벌 쇼(사물이동성 국제 박람회)
기간	4일
목표 전시참가자 수	3,000개 사 이상
목표 프로그램 수	150개
목표 연사 수	500명
참관비	일반가 200,000원 디럭스 1,000,000원

▲ MoT 글로벌 쇼 B2C 참관비

• MoT 글로벌 쇼 목표 참관객 수

CES Consumer Technology Association	MWC Barcelona	IFA	IAA MOBILITY	KES 2024
11만 8,000명	88,500명	24만 명	40만 7,000명	25만 명

▲ 경쟁사 비교 : 참관객 수

국제박람회 기준 참관객 수는 최소 10만 명을 목표로 한다. 이 참관객 수는 국내뿐만 아니라 적극적인 글로벌 마케팅을 통한 국제 참관객 유치 목표치이다.

박람회	MoT 글로벌 쇼(사물이동성 국제 박람회)
참관평균가	60만 원
예상 참관객 수	10만 명
예상 매출	600억 원

▲ MoT 글로벌 쇼 B2C 참관비 예상매출

최소 참관비 20만 원과 최고 참관비 100만 원의 평균 참관비 60만 원을 기준으로 참관객 수 10만 명으로 계산해 봤을 때 참관객을 통해 벌어들이는 수익은 약 600억 원으로 예상된다.

4) B2C : 온라인 콘텐츠 판매

판매 온라인 콘텐츠	박람회 연사 세미나 스트리밍 서비스, 보고서, 박람회 현장 3D

▲ MoT 글로벌 쇼 온라인 판매 콘텐츠

또 다른 B2C 비즈니스 모델은 온라인 콘텐츠 판매이다. 박람회의 연사들의 세미나를 온라인 스트리밍 서비스로 제공하고 수익을 얻는 구조이다. 두 번째로는 산업 보고서를 판매하는 것이다(멤버십에게는 무료로 제공). 세 번째로는 박람회 현장을 3D로 볼 수 있는 서비스를 제공한다.

항목	금액
스트리밍 서비스 구독료	10만 원
보고서	100만 원 / 개당
박람회 현장 3D 체험	15만 원
온라인 콘텐츠 판매 예상 수익	1억 원 / 연

▲ MoT 글로벌 쇼 B2C 온라인 콘텐츠 판매 예상 매출

B2B	멤버십(연간)	1,000만 원	
		300억 원(3,000개 사 기준)	
	전시가	표준 부스 12m² 500만 원 / 부스	조립식 아일랜드 부스 65m² 5,000만 원 / 부스
		약 825억 원(평균 전시가 2,750만 원×3,000개 사)	
	스폰서십	멤버십 포함	
B2C	참관비	일반 20만 원	딜럭스 100만 원
		약 600억 원(평균 참관비 60만 원×10만 명)	
	온라인 스토어	1억	
총 연 매출		최소 1,726억 원	
총 연 순수익		수익률 : 75%	
		431.5억 원	

▲ MoT 글로벌 쇼 비즈니스 통합 모델

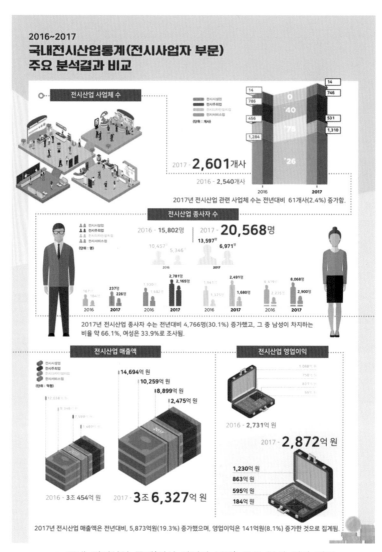

▲ 국내 전시산업 통계(전시 사업자 부문) 주요 분석 결과 비교

이렇게 분석해 본 MoT 글로벌 쇼의 연간 최소 매출은 약 1,726억 원이다. 이 금액은 순수하게 전시회로 벌어들이는 매출만을 계산한 것으로 전시회의 생산유발 효과와 부가가치를 제외한 금액이다. CES 전시회의 연간 소매 수익 USD 485B(655조 원)에 비하면 매우 미비하지만 대한민국 연 전시산업 매출액은 총 3조 6,327억 원으로 전시사 2,601개사를 기준으로 계산한 평균매출 약 14억 원보다 약 123배 높다.

수익면으로 계산해 보면 대한민국 전체 연 평균 전시산업의 영업이익은 총 2,872억 원이다(2017년 기준). MoT 글로벌 쇼 전시회 예상 매출 1,726억 원의 영업이익을 50%로 계산하면 863억 원으로 총이익 2,872억 원의 약 30%를 차지하는 금액이다.

필자는 MoT 글로벌 쇼라는 MoT 분야를 전문적으로 전시하는 MICE 플랫폼 사업을 통하여 MoT 산업을 구성하는 다양한 산업들이 모여 미래의 모든 모빌리티를 통합적으로 선보일 수 있는 MoT 통합 플랫폼의 역할을 하는 전시회를 열고자 한다. MoT 글로벌 쇼의 성공적인 유치는 서울을 MoT의 랜드마크로 각인시키는 국가 이미지 제고의 효과와 7,000조 원의 시장 규모인 승객 경제를 한국으로 유입시키는 전례없던 MICE 플랫폼의 주역이 되고자 한다.

한국이 MICE 플랫폼에 적극적으로 투자하지 않는다면 산업 전반의 소프트화에 실패하고 부품제조업에 치중하여 경기성장이 둔화된 일본의 전철을 밟게 될 것이다.

한국은 명실상부 세계 1위 IT 강국이다. 이러한 한국의 IT 역량은 MoT 산업의 소프트웨어 산업들인 인공지능과 사물인터넷 등의 발전에 유리하여 MICE 플랫폼과 함께 한국의 MoT 산업도 동반성장할 것으로 기대된다.

Chapter 3

MICE 플랫폼을 통한 MaaS 플랫폼으로의 사업 확장성

MoT 글로벌 쇼라는 MICE 플랫폼이 중요한 이유는 MaaS 플랫폼으로서의 사업의 확장성에 있다. 인류의 산업 발전은 자동차와 함께 했다고 해도 과언이 아니다. 자동차는 인류 최고의 발명품 중 하나로 꼽힌다. 인류는 자동차의 발명으로 공간의 제약에서 자유로워졌다. 단순한 '이동'에 허비하던 에너지를 생산적이고 창의적인 분야에 쓸 수 있게 됐고, 이는 곧 혁신의 원동력이 됐다.

인류의 역사를 바꾼 자동차의 역사

1886년 독일의 고트리프 다임러와 칼 벤츠에 의해 최초로 내연기관 자동차가 등장했다. 이들의 획기적인 발명품으로 인하여 사람들은 이제 말이 끄는 마차가 아닌 강한 힘을 가진 스스로 움직이는 수송 기관을 이용할 수 있게 되었다. 자동차의 상품화는 프랑스의 모터스포츠(Motor Sports)가 했다. 따라서 이 시기에 자동차는 소수 열성파의 장난감(toy)이라는 개념을 벗어나 가정 및 직장에서 빠르고 경제적으로 사용할 수 있는 운송수단으로 바뀌었다. 다음은 대량생산 모델의 등장이다. 경제적이며 빠른 운송 기구로서의 의미를 가지는 자동차로 정착하는 시기라고 할 수 있는 1900년에서 1909년 사이는 대량생산을 통한 대중화와 함께 자동차는 그 형태가 오늘날의 모습으로 기본 골격을 갖는 시점이었다. 자동차의 대중화에 앞장선 나라는 역시 미국으로서, 1908년에 Ford의 디트로이트 공장에서 '포드 모델 T(Moder T)'가 대량 생산되기 시작하여 자동차 산업에 새로운 전기를 마련한다. 그 후 1921년 할부금융을 통해 중산층들도 쉽게 자동차를 구입할 수 있게 되었고 1933년 독일의 아우토반이라는 속도 무제한 도로의 등장으로 독일의 자동차는 기술 우선의 고성능 프리미엄 길을 여는 데 성공한다.

1970년 머스키법에 의하여 1975년까지 유해가스 배출량을 10분의 1로 낮추는 탄화수소와 질소산화물을 7분의 1 수준으로 대폭 저감하는 법령으로 CVCC 엔진으로 혼다가 세계 최초로 머스키법을 클리어하며 미국의 소비자들에게 확실히 각인시킨다. 1973년 석유파동으로 작고 연료 효율이 좋은 자동차들이 주목받게 되었고 자동차 산업의 중심이 미국에서 일본으로 이동하게 된다. 일본의 자동차 회사들은 기름 덜 먹는 자동차의 수요가 증가할 것으로 보고 소형 저가차로 시장을 공략해 1980년 일본은 미국을 제치고 세계 최대의 자동차 생산국 지위에 오르게 된다.

1992년 캘리포니아의 Clean Air Act라는 캘리포니아주가 선포한 이 법은 자동차 산업에 환경이라는 단어를 부각시킨 결정적인 사건이 된다. 1998년부터 캘리포니아주에서 완전 무공해차 2%를 판매하지 않으면 자동차 판매를 전면 금지한다는 내용이다. 하지만 이 법은 자동차회사들의 현실적인 한계(?)로 2008년 8%의 완전무공해차의 판매로 연기되었고 그 역시 2012년 3%로 후퇴한 상황이다. 정부가 아무리 강력하게 주도해도 기술적인 한계, 정확히 말하면 그의 실현을 위한 투자가 지나치다는 자동차회사들의 반대에 부딪히면 실현이 불가능한 것이 현실이다. 그런데도 '클린 에어 액트'는 자동차 산업의 패러다임을 근본적으로 바꾸는 데 지대한 역할을 했다는 데는 이견이 없다.

그 다음 자동차 산업의 역사적인 사건은 1998년 다임러 크라이슬러 합병과 현대와 기아의 합병이다. 다임러와 크라이슬러의 합병은 독일의 고급자동차 기술과 재빠르게 몸집을 줄인 미국 경영진의 결합이었고, 대서양을 사이에 둔 전설적인 두 자동차 브랜드, 다임러 벤츠의 매끈한 메르세데스 세단과 당시로서는 높은 인기 속에 수익성이 높은 크라이슬러의 지프 디비전의 SUV와 닷지 디비전의 픽업이 한 팀을 이룬 것으로 누구나 좋은 평가를 했었다. 하지만 2007년 두 회사는 문화적인 갭을 좁히지 못하고 결별하고 말았다. 다임러 크라이슬러는 2007년 5월 14일(현지 시각) 미국 크라이슬러 그룹의 80.1% 및 크라이슬러 관련 금융서비스 회사를 55억 유로(74억 1,000만 달러)에 미국 투자회사(국내에서는 사모 펀드라고 하고 있다.) 서베러스(Cerberus) 캐피탈 매니지먼트(CBS.UL)에 매각한다고 발표했다.

이렇듯 자동차는 발명과 동시에 근대사에 지대한 영향을 미친 산업혁명이다. 자동차의 발전 역사를 보면 초기에는 더 빨리 달릴 수 있는 기술 혁신성에 집중했고 그 다음에는 자동차 보편화를 위한 가격조정이 금융 개혁까지 이르게 된다. 하지만 시간이 갈수록 자동차가 미치는 부정적 영향이 부각되면서 자동차가 내뱉은 온실가스와 기후 위기 가속화라는 치명적인 부메랑으로 돌아와 이제는 친환경적인 새로운 모빌리티에 대한 수요는 선택이 아닌 시급히 해결해야만 하는 과제가 됐다. 이제 자동차로 인해 생긴 환경문제를 자동차로 해결하기 위해 자동차를 소유하는 것이 아니라 서비스화하여 플랫폼을 통해 공유하는 MaaS의 시대가 도달했다.

1. 모빌리티의 불가항력적인 미래, MaaS

MaaS란 Mobility as a Service의 약자로 더 이상 모빌리티를 소유하는 것이 아니라 서비스로 사용하는 공유 주차와 모든 이동수단(공유 차량 및 대중교통)을 통합 검색·결제해 이용할 수 있는 서비스로 정의하고 있다(출처: 국토교통부 보도자료, 2020.4.24). 쉽게 말하면 모빌리티를 구매하여 소유하여 이용하는 것이 아니라 구독료를 지불하고 서비스를 이용하는 넷플릭스의 사업 모델이 도시 교통에 적용되어 도시인들의 이동 방식을 재형성하는 개념이다.

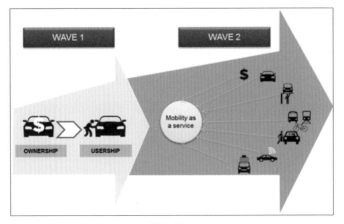

▲ 모빌리티의 WAVE

Frost&Sullivan(비즈니스 컨설팅 회사)은 자동차에 대한 오너십(Ownership)에서 유저십(Usership)으로의 변화를 Wave 1으로, 더욱 확장된 개념으로써 MaaS로의 변화를 Wave 2로 개념화하고 있다. 종합적으로 정리해 보면, MaaS는 승용차, 대중교통과 같은 보편적 교통수단뿐 아니라 공유 교통(카셰어링, 자전거 셰어링, 라이드 셰어링), 자율주행차 등 새롭게 등장한 모든 것을 교통수단으로 인식하고 이를 바탕으로 다양한 이용자의 요구를 충족시켜주는 서비스로 정의할 수 있겠다(출처 : 서울형 통합교통서비스 도입방안, 2019.9.9., 서울연구원 정책리포트).

자동차를 소유하는 단계에서 필요에 따라 이용하는 Wave 1의 단계에서 다양한 모빌리티를 공유하는 Wave 2 단계인 MaaS의 시대가 도래하면 그동안 도시 집중 현상이 심해지면서 여러 도시의 문제였던 자동차와 관련된 교통체증, 주차 공간, 대기 오염 문제를

MaaS로 해결할 수 있을 것으로 기대하고 있다. 자가용보다 더 빠르고, 편하고, 쉽고, 기분 좋게 이동할 수 있다면 자가용 차량에 대한 사람들의 소유 및 이용 비율이 줄어들게 될 것이라는 논리이다. 이것이 바로 핀란드의 수도에서 벌어지고 있는 야심찬 계획이다. 헬싱키는 2025년까지 모든 도시 거주민들이 자가용차를 소유할 필요가 없게 만드는 MaaS 사업을 추진하고 있다.

국제교통 포럼에서 리스본을 대상으로 한 연구에 따르면 MaaS 형태의 서비스가 보편화되었을 때, 현재 존재하는 자동차의 3% 만으로 충분히 교통 수요를 충족시킬 수 있다고 한다. 그만큼 불필요한 교통량이 크게 줄어들면서 이산화탄소 배출을 37%를 감소시키고, 도시의 교통체증 문제를 해결하고 주차 공간의 상당 부분을 다른 용도로 활용할 수 있을 것이라 예측, 기대하고 있다.

한국자동차산업협회의 세계 자동차 통계 연보(2019년 기준)에 따르면 전 세계에서 운행 중인 자동차 총 대수는 약 14억 9천만 대로 2009년 9억 8천만 대에서 52%나 증가한 수이다. 지금 당장은 아니지만 전문가들은 MaaS의 시대에 지금 존재하는 차량의 97%가 사라지고 3% 자동차로 교통 수요를 충분히 만족시킬 수 있다는 분석이다. 다시 말하면 지금 MaaS로 전환되는 새로운 패러다임을 준비하지 않은 전통적인 자동차 제조업자들은 부도를 맞게 된다는 의미

구분	역할
고객(MaaS Customers)	MaaS 소비
MaaS 제공주체 (MaaS Providers)	고객 필요를 만족시키기 위해 MaaS 서비스를 제공하고 가치를 창출
데이터 제공 주체 (Data Providers)	MaaS 제공자와 교통서비스 제공자 사이에서 데이터와 정보를 공유할 수 있도록 중개
교통 서비스 운영주체 (Transport Operators)	교통 자산과 서비스를 제공하고 주차장, 전기차 충전소, ITS 등 관련 인프라를 제공

▲ MaaS 이해관계

이다. 그렇다면 MaaS의 시대를 준비한다는 것은 무엇일까? 앞서 봤던 현대차의 퍼스널모빌리티 DICE나 토요타의 e-Pallette와 같이 MaaS 시대의 도래로 전통적인 자동차들이 사라질 때 생길 새로운 모빌리티의 수요인 라스트마일 모빌리티/퍼스널 모빌리티 같은 새로운 형태의 모빌리티를 준비하는 것과 둘째는 이동수단들을 소유하지 않고 서비스로 공유하게 될 때 승객과 이동수단을 연결해주는 플랫폼 사업을 준비하는 것이다.

그렇다면 왜 MaaS 시대에 플랫폼 사업이 중요한 것일까? MaaS가 제대로 자리잡기 위해서는 첨단 기술들이 섬세하게 융복합되어 만들어진 도로 위의 슈퍼 컴퓨터와 같은 자율주행 모빌리티의 매끄러운 작동은 물론 이를 서비스로 사용자에게 제공할 관민의 초월적인 협력이 한 플랫폼 안에서 이루어져야 한다.

MaaS의 플랫폼 안 이해관계를 보면 서비스를 소비하는 고객과 MaaS 서비스를 제공하는 제공 주체, 제공자와 교통서비스 제공자 사이 데이터와 정보를 공유할 수 있도록 중개하는 데이터 제공 주체, 그리고 마지막으로 교통 자산과 서비스를 제공하고 주차장, 전기차 충전소 등 관련 인프라를 제공하는 교통 서비스의 운영주체가 존재한다.

우버의 예를 들어 보겠다. 우버를 통해 운전자를 부르는 유저가 MaaS의 소비자가 되겠고 서비스를 제공하는 제공 주체는 드라이버가 된다. 우버를 불러 사용하는 유저와 드라이버 사이 데이터와 정보를 공유할 수 있도록 중개하는 데이터 제공 주체는 우버가 되겠다. 자동차가 달릴 수 있는 도로 등 교통 관련 인프라를 제공하는 교통 서비스 운영 주체는 국토부, 내비게이션 서비스 등이다.

유엔 경제사회국 인구분과, 세계 도시화 전망에 따르면 도시 지역에 거주하는 인구의 비율이 2014년에는 54%이지만 2050년이 되면 66%로 전 세계 도시에서 교통 혼잡이 증가할 것인데, 문제는 도심으로의 이주가 예상되는 수백만 명의 사람들로 인해 향후 수십 년간 더 악화될 것으로 보인다. 따라서 교통 기획자들은 오랜 교통 혼잡 문제를 해결하기 위해 새로운 방법을 수용하고 있다. 도시 집중도가 높아짐에 따라 MaaS는 더 많은 사람들과 상품들을 현재의 다른 교통 수단보다 더 빠르고, 깨끗하며, 덜 비싼 방식으로 이동시

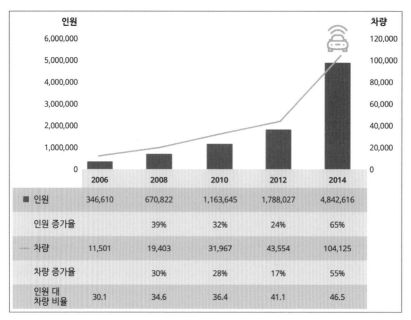

인원	2006	2008	2010	2012	2014	차량

	2006	2008	2010	2012	2014
■ 인원	346,610	670,822	1,163,645	1,788,027	4,842,616
인원 증가율		39%	32%	24%	65%
─ 차량	11,501	19,403	31,967	43,554	104,125
차량 증가율		30%	28%	17%	55%
인원 대 차량 비율	30.1	34.6	36.4	41.1	46.5

▲ 전 세계 승차 공유 성장세, 2006~2014

키는 대안적 방법을 제공하고 있다. 교통 공급 측면에 보다 많은 다
양성을 더함으로써 MaaS는 비탄력적인 교통 시스템을 보다 탄력
적으로 변환시킬 수 있다.

그 증거로는 전 세계 승차공유 사용자는 2006년 35만 명에서
2014년 약 500만 명에 도달했고, 2024년에는 2천 300만 명을 넘어
설 것으로 추산된다. 자전거 공유 프로그램은 2004년에는 전 세계
에서 오직 11개 도시에서 현재는 50개 이상의 국가에서 1,000건 이
상의 자전거 공유 프로그램이 실행 중이다. 차량 호출 서비스 또한

급성장하고 있다. 6년간 우버의 글로벌서비스는 70개국 이상 500여 개 도시를 넘어 확장되었다.

이렇듯 소비자들은 교통혼잡과 자동차비 상승 등으로 지난 10년 동안 점점 더 새로운 모빌리티 옵션과 앱을 수용해왔다. 현재 세계적으로 가장 대표적인 MaaS 앱서비스인 '우버'는 자동차에 국한된 서비스이지만 자율주행 기술이 더 완전해짐에 따라 현재의 자동차보다 더 큰 편의성과 자동차를 소유하는 것보다 공유하는 것이 더 저렴한 가격의 합리성이 보장된다면 모빌리티를 서비스로 공유하는 차량 공유의 시대에는 자동차 외 다양한 MoT의 이동수단들; 킥보드나 스케이트 보드, 퍼스널 모빌리티같은 라스트마일 모빌리티, 레저를 위한 캠핑카, 푸드트럭, 사무환경을 갖춘 오피스 자율주행차, UAM, 드론 등 사용자의 다양한 니즈에 따라 맞춤형 MoT 운송수단을 부를 수 있는 MoT 온-디맨드 통합 플랫폼이 사라지는 97%의 자동차 제조업의 자리를 제패하게 될 것이다.

2. 7,000조 승객 경제를 잡아라!

이렇게 운송수단을 넷플릭스처럼 구독하여 공유하는 MaaS의 시대가 옴에 따라 모빌리티 산업은 제조업에서 플랫폼으로 개벽될 것이다. 이러한 차량 공유의 시대를 꽃피우는 핵심기술에는 자율주행

이 있다. 미국 신기술 부문 연구소 ReThinkX에 의하면 MaaS의 확산으로 인하여 차량 수요가 2030년이면 80%로 급감할 것이고 그에 반해 완전 자율주행 기술로 인한 승객 경제는 7조 달러(한화 약 7,840조 원) 규모의 시장이 될 것이라고 분석했다.

승객 경제 정의

완전 자율주행하는 차량이 생성하는 경제·사회적 가치
(출처: 〈미래를 가속하다: 떠오르는 승객 경제(Passenger Economy)의 영향력〉
 - 스트래트지 애널리틱스)

1) 승객 경제 시장 규모 및 분류

자율주행이 창출할 승객 경제 시장을 구성하는 요소는 총 3가지 (▲소비자, ▲비즈니스, ▲애플리케이션&서비스)로 분류될 수 있다.

(1) 소비자 MaaS 55%, 3조 7천억 달러

이 중 소비자가 이용할 MaaS는 전체 매출의 55%에 해당하는 3조 7,000억 달러의 규모가 예상된다. 소비자에 의한 MaaS의 진화와 대량 채택은 승객 경제를 출현시키는 핵심이라 할 수 있다. 소비자는 경제적이고 자기주도적인 개인 이동성을 추구하면서 지속적으로 자동차 소유권을 포기하게 될 것이다. 따라서 다양한 형태로 등장할 MaaS는 유비쿼터스와 개인화 서비스가 등장을 촉발

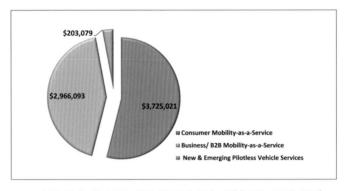

▲ 승객 경제, 서비스로 인한 2050년 세계 매출(단위: 100만 달러)

하는 자율주행 자동차에 의해 폭발적으로 증가할 것이다.

(2) MaaS 비즈니스 43%, 3조 달러

MaaS를 활용한 비즈니스는 전체 매출의 43%인 3조 달러 규모
가 예상된다. 운송과 화물 수공, 판매와 서비스 자동차와 같은 산업
은 자율주행 자동차 기술을 활용해 근본적인 비즈니스를 재구성하
고 새로운 기회를 활용하게 될 것이다.

(3) 애플리케이션&서비스 2%, 2,030억 달러

새로 부상하는 애플리케이션과 서비스는 2,030억 달러의 매출을
기록할 것으로 전망된다. 이 매출은 호텔 및 숙박, 레스토랑 및 식
사, 관광 및 오락, 헬스케어 그리고 모든 종류의 배송 서비스 분야
에서 자율주행 자동차에 대한 다양한 사용 사례를 통해 창출된다.

2) 승객 경제의 경제 및 사회적 영향

승객 경제의 다른 경제 및 사회적 영향 측면에서 볼 때 다음과 같은 것을 기대해 볼 수 있다.

첫째, 보수적으로, 2035~2045년까지 여객 경제 시대에 자율주행 자동차로 인해 58만 5,000명의 생명을 구할 수 있다.

둘째, 자율주행 자동차는 세계에서 가장 혼잡한 도시에서 연간 2억 5,000만 시간이라는 소비자 통근 시간을 해소할 것이다.

셋째, 2035~2045년 승객 경제 시대에서 교통사고와 관련된 공공 안전비용의 절감액은 2만 3,400억 달러를 넘어설 것이다.

3) 국가별 MaaS 플랫폼 사례

현재 MaaS는 극히 초기 개발 단계에 있으며 많은 혁신과 실험이 세계 주요 도시들에서 진행 중이다. 향후 몇 년간 도시들은 적은 자원으로 사용해 더 다양한 서비스를 제공하는 것을 목표로 삼고 있다. 다양한 시범 사업이 늘어날 것으로 예상된다. 다음은 전 세계 MaaS 시범 사업의 사례들이다.

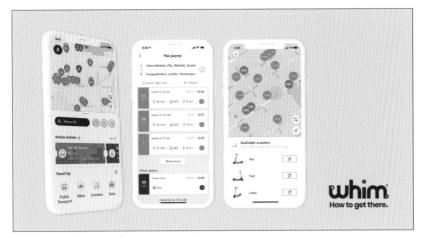

▲ 핀란드 'Whim'

(1) 핀란드 - 윔(Whim)

2025년까지 모든 도시 거주민들이 자가용차를 소유할 필요가 없게 만든다는 야심찬 목표 아래 헬싱키 거주민들은 마스 글로벌사가 2016년부터 운영하는 윔(Whim) 서비스를 이용하였다. 이동 서비스 윔(Whim)은 앱을 이용해 도시 내에서 모든 종류의 대중교통 및 개인 교통수단의 사용을 계획하고 비용을 지불할 수 있다. 열차, 택시, 버스, 승차 공유, 자전거 공유 등 무엇이든 가능하다. 누구나 앱을 이용해 목적지를 입력하고, 선호하는 교통수단을 선택한다. 만일 한 가지 수단만으로 출발지에서 목적지까지 갈 수 없을 때면 여러 교통수단을 조합할 수도 있다. 사용자들은 월간 모빌리티 구독의 일부로서 서비스 비용을 선불로 내거나 혹은 서비스에 연결된 지불 계좌를 이용해 사용할 때마다 지불할 수 있다.

목표는 사용자들의 이동을 위한 서비스를 매우 편리하게 만들어 통근을 위한 개인 차량의 사용을 그만두게 만드는 것이며, 강제적으로가 아니라 대안 서비스를 보다 매력적으로 만들어 이를 달성하고자 한다. 윔(Whim) 서비스의 추진자인 샘포 히에트넨(Sampo Hietanen)에 따르면, "우리는 자가용차 수준의 서비스를 능가할 수 있다는 점을 증명하길 원했습니다. 혹은 최소한 비교할 만하다는 것을요. 단지 우리가 서비스를 제공할 수 있어서가 아니라 사람들이 이를 원한다는 점을 보여주고 싶었죠."라고 말했다.

헬싱키에서 이용하는 요금 체계는 크게 세 가지 종류인데 그 중 가장 대표적인 요금 플랜이 월정액 499유로로 이용하는 서비스이다. 이 월정액 플랜은 매월 한국 돈으로 637,800원을 지불하면 헬싱키 시내를 비롯한 일정 범위 내에서 대중 교통수단, 1회 탑승 시 5km 이내 택시 승차 무제한, 렌터카, 카 셰어링, 렌트 바이크 등을 무제한으로 이용할 수 있다.

(2) 스웨덴 – 우비고(Ubigo)

스웨덴 스톡홀름에서 자가용 이용 감소 및 대중교통 활성화 여건 조성을 목적으로 2019년 초 Ubigo 서비스를 처음 도입했다. 공공 기관인 대중교통 SL 및 민간업체들과 협력관계를 형성하여 제공한 MaaS 서비스이다. Ubigo는 대중교통인 버스, 지하철, 페리, 택시,

▲ '우비고' 로고

자전거, 카풀, 렌터카를 통합하여 최적의 경로를 안내한다. Ubigo 는 MaaS Alliance에서 규정한 Level 3단계 수준으로 서비스를 제 공한다. 대중교통인 버스, 지하철, 기차, 트램과 더불어 다양한 교 통수단인 택시, 렌터카, 공유 자전거, 공유 자동차 이용이 가능하며 다양한 교통 수단에 맞는 최적경로 예약 및 결제 서비스를 하나의 앱을 통해 제공한다. 개별 이동수단에 따라 다른 요금제를 적용하 고 있으며, 수단별 구독 서비스가 다르게 설정된다.

(3) 독일 - 퀵싯(Qixxit)

독일에서는 독일 철도가 멀티모덜형 통합 모빌리티 서비스 플랫 폼 'Qixxit'를 실용화하고 있다. 교통수단 검색부터 예약, 결제까지 할 수 있으며, 당초에는 독일 국내에 한정되었었지만, 현재는 비행 기 및 장거리 버스 등 국경을 넘나드는 이동 플래너로서 사용하기 편리하여 인기를 얻고 있다. 'Qixxit'은 21곳 이상의 서비스 제공업

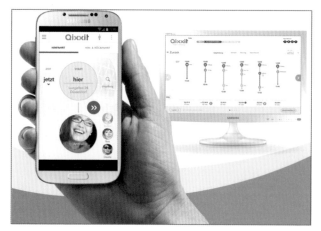

▲ Qixxit 인터페이스

체들과 함께 사용자의 요구에 따라서 경로를 계획한다. 자동차 공유, 승차 공유, 자전거 공유 옵션을 제공하고, 이상적인 열차 연결편을 파악해 준다. 가능한 모든 이동 수단을 모두 제시해 사용자가 비교 선택할 수 있게 한다. 수단별 구독 서비스가 다르게 설정된다.

(4) 일본 토요타＋소프트뱅크 – 모넷 테크놀로지

토요타는 지난 2018년 CES에서 모빌리티 회사로의 전환을 선언하고, 자율주행과 모빌리티를 합친 '자율주행 기반 모빌리티 서비스(Autono - MaaS)'를 선보인다는 청사진을 제시했다. 2019년에는 4차 산업혁명 시대 새로운 강자로 부상한 '소프트뱅크'와 손잡고 자율주행차 서비스기업인 '모넷 테크놀로지'를 설립했다.

▲ 일본 토요타+소프트뱅크 '모넷 테크놀로지'

'모넷 테크놀로지스(Monet Technologies)'는 소프트뱅크의 사물 인터넷(IoT) 플랫폼과 토요타의 모빌리티 서비스 플랫폼(MSPF, Mobility Service Platform)을 연계해 이 둘을 합쳐 모빌리티 AI 혁명을 만들겠다는 구상이다.

모넷 테크놀로지는 '자율주행 셔틀' 사업인 '이팔레트' 사업을 준비 중이다. '이팔레트'는 셔틀이 음식점 · 병원 · 호텔 등으로 변하는 신개념 이동 서비스다. 모넷 테크놀로지에 일본 2위 업체인 혼다까지 지분 투자했고, 280여 개의 제조 · 서비스 중소 · 중견업체가 참여를 선언했다. 일본의 자동차 연합이 무서운 건 바로 전 세계 '모빌리티 플랫폼'을 장악하고 있는 소프트뱅크 때문이다. 소프트뱅크는 우버(미국) · 디디추싱(중국) · 그랩(동남아) · 올라(인도) · 카림(중동) · 얀덱스(러시아) 등 지역별 1위 플랫폼 업체의 최대주주이거나 대주주다.

▲ 현대 'TaaS'

(5) 한국 현대 – TaaS

최근 현대차에서 가장 촉망받는 조직은 TaaS(Transportation as a Service, 서비스형 수송) 본부다. 정의선 회장이 직접 네이버 CTO(최고기술책임자) 출신의 송창현 사장을 영입해 미래형 수송 서비스 개발을 맡기면서 이후 행보에 회사 안팎의 시선이 집중됐다.

송창현 사장이 이끄는 TaaS 본부는 글로벌 모빌리티 서비스 전략 수립부터 기획, 개발, 운영까지 총괄한다. TaaS는 기존 LaaS(Logistics as a Service, 서비스형 물류)와 MaaS(Mobility as a Service, 서비스형 이동수단)을 포괄한 상위 개념이다. 특히 TaaS 본부는 현대차가 십중하고 있는 PBV(목적기반모빌리티) · UAM(도심항공모빌리티) · 로봇 등 핵심 디바이스에 어떻게 하면 데이터와 각종 소프트웨어를 접목해 이용자 편의를 높일 수 있을지에 집중한다. 이동 수단에서 파생되는 모든 서비스의 개발과 운영이 TaaS 본부의 설립 목적인 셈이다.

송 사장은 "TaaS는 사람과 물건의 이동을 서비스화하는 개념"이라면서 "이동 수단을 활용한 비즈니스 영역에서 이동 자체가 서비스로 인식되는 세상이 되고 있다."고 설명했다. 이어 "현대차그룹의 TaaS 비전은 전기·수소차와 목적 기반 모빌리티(PBV), 도심항공 모빌리티(UAM), 로봇 등 핵심 디바이스와 데이터를 연결, 모빌리티 기술 플랫폼과 생태계를 구성하고 사람과 사물의 이동 측면에서 최적화·자동화된 솔루션을 제공하는 것"이라고 강조했다.

송 사장은 TaaS 비전을 이루기 위한 핵심 경쟁력으로 'AMES'를 소개했다. AMES는 Autonomous(자율주행), Mobility(모빌리티), Energy (에너지), Software(소프트웨어)의 약자다. AMES를 통한 연결로 누구나 이동의 자유를 경험하며 최적의 모빌리티, 로지스틱스 서비스를 운영할 수 있다.

이를 위해 송 사장은 새로운 개발자 플랫폼을 준비하고 있다고 밝혔다. 여러 종류의 이동 수단에서 발생하는 데이터를 실시간 활용할 수 있도록 통합 플랫폼이 될 전망이다. 아울러 다양한 파트너와 함께 데이터와 기술 자산을 통합해 새로운 가능성을 여는 얼라이언스를 구성할 방침이라고 설명했다.

▲ 싱가포르 '그랩'

(5) 싱가포르 – Grab

그랩은 싱가포르에 기반한 차량 공유 및 배송, 전자상거래, 전자 결제 서비스를 제공하는 기업이다. 싱가포르, 말레이시아, 인도네시아, 태국, 베트남, 필리핀 등 동남아시아 8개국에서 이용할 수 있으며 동남아시아의 우버라고 불린다. 2018년 우버와 합병하여 이에 따라 우버가 동남아시아 시장에서 철수하고 그랩이 동남아시아를 전담하기로 했다. 2021년 말 그랩 홀딩스라는 이름으로 미국 나스닥에 상장되었다.

그랩이 제공하는 MaaS 서비스는 택시, 자동차, 오토바이 택시, 퀵서비스, 카풀셰어(GrabShare, GrabHitch)이 있으며 그랩의 차량 종류는 JustGrab(택시와 일반 차량), GrabCar(일반 차량), GrabBike(오토바이), GrabCar Premium(프리미엄 세단), GrabTaxi(일반 택시), GrabSuv(Suv),

GrabCar Luxe(독일계 고급 세단), Assist(휠체어 보조 가능 차량) 그리고 Rent(2시간 혹은 4시간 단위)를 제공한다. 그랩을 자주 사용하는 유저를 위해 매월 일정 금액을 구독할 경우 상대적으로 더 저렴하게 그랩을 쓸 수 있는 구독 서비스인 GrabOffers를 제공한다.

사용 방법은 휴대폰 번호와 이메일 주소만 있으면 간단히 가입 가능하고 우버와 달리 현금 결제가 기본이라 신용카드나 체크카드 등록이 필수가 아니다. 오히려 우버가 그랩의 영향을 받아서인지 뒤늦게 일부 국가 한정으로 현금 결제를 시작했을 정도다. 이용 방법은 출발지와 도착지를 선택하면 요금이 나오고, 예약(BOOK) 버튼을 누르면 그 즉시 콜을 받을 운전자를 찾는다. 사전에 표시된 거리 요금대로 가므로 바가지 걱정이 없다는 게 장점이다. 기사도 빨리 도착하는 게 유리한 시스템이므로 먼 길로 돌아가지도 않고, 요금에 관한 불만이 나올 일이 적다. 단, 택시의 경우에는 예상요금대가 표시되며, 택시기사가 미터기 금액을 보고 앱에 직접 금액을 입력하는 방식이다.

우버는 현금 결제가 지배적인 나라에서 현금 결제를 늦게 도입했고, 오토바이가 지배적인 나라에서 오토바이 호출을 늦게 도입하는 등 몇 가지 사업적 실수를 범했다. 결국 2018년 동남아시아에서 철수하는 대신 그랩의 지분 27.5%를 인수했다. 이 거래로 그랩은 차량호출 서비스 시장을 거의 독점적으로 장악했다.

그랩은 여전히 동남아시아에서 차량 호출과 음식 배달 두 영역에서 시장을 선도하고 있다. 이 회사는 현재 싱가포르, 말레이시아, 캄보디아, 인도네시아, 미얀마, 필리핀, 태국, 베트남 등 8개국에서 사업을 운영하고 있다. 핵심 서비스인 차량 호출 및 배달 서비스 외에도 식료품 쇼핑, 호텔 예약, 금융 서비스 등으로 사업을 확장하여 '슈퍼앱'이 되고자 한다. 그랩은 2021년 12월, 나스닥에서 기업가치 400억 달러로 상장했으며, 이 수치는 동남아시아 기업으로는 사상 최대의 미국 상장이다.

이렇게 다양한 국가들의 주요도시들에서 제3의 모빌리티의 Wave를 준비하고 있다. 19세기 제1차 산업혁명의 철도와 고정된 대중교통 네트워크는 새롭게 부상하는 도시로의 인구 집중과 고용을 지원했고 20세기 자동차의 도래로 대량생산된 자가용 차량으로 교외화가 이루어졌고 도시 경제 밖에서의 분산화된 활동이 증가했다. 21세기 디지털 시대에는 전 세계에 정보화 시대가 도래하면서 기존의 교통 네트워크를 훨씬 더 효율적이고 사용자 친화적으로 만들 새로운 기회의 문이 열렸다. 네트워크는 사용자가 원하는 것이 무엇인지, 언제 그리고 어떻게 원하는지를 보다 정확히 제공할 수 있게 맞춤화되고 있으며 선택 가능한 대안과 편리함이 증가하고 있다.

인류의 산업화는 모빌리티에 의해 정의되었다 해도 과언이 아닐 정도로 모빌리티를 통해 산업화의 가속화로 인해 삶의 편의가 크게 향상되었다. 하지만 얻어진 게 많다면 그만큼 잃는 것도 많은 법이다. 그동안 모빌리티로 편의를 봤다면 이제는 모빌리티로 인한 환경오염, 증가하는 도시인구로 인한 교통체증, 주차공간의 부족, 사고 등의 문제들을 해결해야 한다. 그렇지 않으면 지속가능한 미래를 다음 세대에 선물할 수 없을 것이다. 우리는 모빌리티의 다음 패러다임인 MaaS에 빠르게 발맞춰 한국의 비즈니스 모델을 전환해야 한다. 전통적인 자동차 제조에서 MaaS에 의한 새로운 모빌리티의 수요들을 충족해 줄 자율주행을 기반으로 한 다양한 MoT 운송수단들을 개발해야 하며 단순 제조업에서 MaaS 플랫폼으로 전환하여 MoT 생태계를 민·관·학이 협력하여 준비하여 4차 산업혁명을 주도하는 국가로 미래의 먹거리를 준비해야 한다.

3. MoT MaaS 플랫폼 비즈니스 모델

앞서 우리는 국내외 MaaS 시스템의 사례들을 살펴 보았다. 이번 장에서는 어떠한 비즈니스 모델이 한국형 통합 MoT MaaS 플랫폼 비즈니스 모델로서 적합한지 한국형 미래의 모빌리티의 가상 시나리오를 그려보겠다.

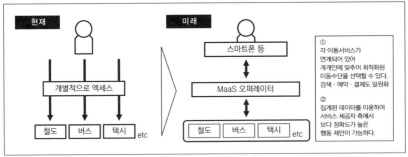

▲MaaS 플랫폼의 기본 개념

1) MaaS 플랫폼의 기본 개념

MaaS는 다양한 종류의 수송 서비스가 수요에 따라 사용할 수 있는 단일 서비스에 통합된 것이다. 현재의 교통 플랫폼은 이용자가 각 교통기관에 개별적으로 액세스하여 거래를 하고 있지만, MaaS 플랫폼은 각 이동 서비스에 일원적으로 액세스할 수 있는 플랫폼을 구축하여 이동 경로 탐색 · 예약 · 결제 등을 일괄적으로 수행하는 것이다.

2) MaaS 통합 단계

스웨덴의 찰마스 공과대학의 연구자들은 MaaS를 통합 단계에 따라 레벨 0~4까지 5단계(레벨 0은 통합되지 않은 상태)로 분류하고 있다.

1단계는 구글맵, 네이버지도, 카카오맵 등 지도 서비스에서 함께 제공되는 등 이미 널리 상업화가 되어 있는 단계이고, 2단계는 각 국에서 여러 형태의 시범 사업이나 상업화를 통해 그 효과를 확인

단계	분류명	정의	예시
4	정책의 통합 (Integration of Policy)	도시의 계획과 교통정책과 통합되어 효율적인 사회적 목적으로 활용	없음
3	서비스 제공의 통합 (Integration of the Service Offer)	서로 다른 개별적인 이동 수단을 모두 통합하여 하나의 번들로 제공	Whim (핀란드 · MaasGlobal사)
2	예약, 결제의 통합 (Integration of booking & payment)	개별적인 이동 수단의 예약, 발권, 결제를 하나의 서비스에서 제공	Moovel (독일 Daimler사) my route (서일본철도, 토요타 자동차 등)
1	정보의 통합 (Integration of Information)	개별적인 이동 수단의 경로와 비용 등의 정보를 통합하여 제공	NAVITIME, GoogleMap, 네이버지도 등
0	미통합 (No Integration)	각각의 이동 수단이 개별적으로 제공	

▲ MaaS 레벨 및 예시(출처 : MaaS Alliance)

하고 또 확대해 나가고 있는 과정에 있다. 3단계는 북유럽의 몇몇 서비스들이 선도적으로 운영 중에 있는데 핀란드 헬싱키의 윔 (Whim) 앱과 스웨덴 예테보리의 우비고(UbiGo) 앱이 대표적이다.

Whim과 Ubigo 모두 하나의 통합된 모빌리티 앱을 통해 사용자들에게 택시, 차량 대여, 대중교통, 자전거 공유 등 모든 가능한 교통 옵션을 하나의 청구서로 제공하는 개념이다.

아직 국내에서는 해외만큼 활성화된 MaaS 서비스가 없고 이제 시작 단계이기는 하지만, 한국이 어느 나라보다도 훌륭한 교통 인프라를 갖추고 있으며 모바일을 통한 이동 수단들에 대한 교통 정보 제공 및 결제 시스템이 매우 선진화되어 있는 등 MaaS가 갖춰야 할 개별 인프라는 이미 준비가 되어 있다고 본다. 따라서 현재 여러 지자체들과 기업들이 추진하고 있는 교통 서비스에 대한 통합적인 접근을 체계적으로 잘 이루어낸다면 머지않아 유럽의 2, 3단계 서비스들보다 더 뛰어난 MaaS가 등장할 것으로 기대한다.

3) 한국의 MaaS 현황

스마트 모빌리티 서비스 지원을 위한 통합 결제 기술개발 및 시범 운영(2018년) 정부는 블록체인을 기반으로 한 플랫폼인 Door-to-Door 통합 이동 시스템 구현을 목표로, 차량 공유, 라이드헤일링 등의 진입을 자유화할 방침을 보인다. 현 자동차 시장의 변화를 도모하고 장기적으로 MaaS 시스템 서비스의 국내 구축을 고려할 방침인 것으로 나타났다.

(1) 한국이 극복해야 하는 한계

① 다양한 이해관계자들이 첨예하게 얽혀 있는 문제를 해결해야 한다

야나 소코르 외(Jana Sochor et al.)(2018)에 의한 MaaS의 레벨 분류 단계를 보면, 유럽 등 해외 모델 대부분이 채택하고 있는 건 레벨 3단계에 해당하는 모든 이동 수단을 일원화하여 통합 제공하는 방식이다. 하지만, 한국에는 각 이동 수단마다 다양한 경쟁업체, 이해관계자들이 존재한다. 가령, 퍼스널 모빌리티의 한 종류인 전동킥보드를 보면, 서울에만 공공 민간 업체를 합해 수많은 업체가 존재하

고 지역별 그리고 시간대별로 제공하는 서비스 종류도 다르다. 이해 관계자들과 협의를 통해 레벨 3단계의 시스템을 구축하기엔 실제 서비스 제공까지 무수한 시간이 소요될 것이다.

② 한국의 대중교통은 MaaS 없이도 이미 편리하다

나라마다 교통 환경이 달라 시스템을 그대로 적용하기엔 어려움이 따른다. MaaS가 시행되고 있는 도시 대부분은 대중교통 인프라 구축이 덜 되어 있고, 요금도 비싸 이용객들의 불만이 컸다. 즉, 대중교통의 한계를 보완하기 위해 MaaS가 도입되었다. 반면, 한국은 대중교통을 공공기관에서 서비스하고 인프라가 잘 구축되어 있으며, 개별 이동 수단인 자동차 공유 서비스, 퍼스널 모빌리티도 이용자들의 수요와 공급이 잘 충족되고 있다. 이러한 이유로 인해 기존의 MaaS 시스템을 한국에 적용할 수는 없는 상황이다.

(2) 한국형 MaaS 시스템 비즈니스 모델

① Level 2로 설계해 진입을 쉽게

한국형 MaaS 비즈니스 모델은 MaaS의 레벨 2를 적용해 비교적 빠르게 시장에 진입할 수 있도록 설계해야 한다. 현재 서비스되고 있는 대표적인 MaaS 시스템인 핀란드 MaaS Global의 Whim은 서로 다른 개별적인 이동 수단을 모두 통합하여 하나의 번들로 제공하는 레벨 3의 플랫폼이다. 하지만 이미 편리하고 가성비가 좋은 한국의 대중교통과 공공 민간의 다양한 업체들과의 이해관계들을 정책적으로 풀지 않은 상태에서 처음부터 레벨 3의 MaaS 통합 플랫폼을 운영한다는 것에는 무리가 있다.

② 여행지에서 시범

MaaS 플랫폼의 시범단지는 사람들이 자차를 갖고 이동하기 힘들고 기존에 제공되고 있는 서비스들이 결합하여 교통 문제를 해결하고 모빌리티 서비스를 제공하는 것이 효과가 가장 클 것이라고 판단되기 때문에 시범 사업지로 제주도와 같은 여행지가 적합해 보인다.

③ 차량 공유 서비스와 마이크로 모빌리티 서비스 결합 모델

한국형 MaaS 비즈니스 모델은 차량 공유 서비스와 마이크로 모빌리티 서비스가 결합되어 있는 모델로 시작하는 것이 무리가 없어 보인다. 예를 들어 차량과 전기 킥보드가 결합되어 중심 거점과 킥보드의 작은 거점들로 이루어진 일종의 '허브 앤 스포크' 방식이다. '허브 앤 스포크' 방식이란 물류가 거점으로 집중된 후 다시 개별지점으로 이동하는 운송 형태를 말한다. 자동차를 통해 장거리를 이동하고 마이크로 모빌리티(전동 킥보드, 전기 자전거, 전동 휠, 세그웨이, 초소형 전기차 등)을 이용하여 단거리 이동을 하는 모델이다.

④ 서비스 이용 요금

서비스 이용 요금은 이용 차종의 종류, 이용 시간, 이용 거리당 유류비라는 3가지 요인으로 결정된다. 이때, 이용 거리당 유류비 요금을 청구하는 이유는 회사에서 제공하는 주유 카드를 통해 원스톱 결제 시스템으로 편의를 제공하기 위함이다.

⑤ 서비스 이용 과정

• 서비스 시작

서비스 이용 시작 단계에서 고객은 먼저 애플리케이션을 다운로드 받고 애플리케이션을 실행하게 된다. 처음 서비스를 이용하는 경우, 회원가입과 면허 등록의 절차가 필수이다. 그 후 애플리케이션의 첫 화면을 통해 서비스의 사용 현황을 체크할 수 있으며 서비스를 시작할 수 있다.

• 서비스 이용

이 단계에서 고객은 어떤 서비스를 이용할 것인지 선택하고 이용 시간을 결정하게 된다. 고객이 자동차 공유 서비스를 선택한다는 가정 하에 서비스를 선택한 고객은 자동차가 주차된 장소까지 마이크로 모빌리티 서비스 사용 여부에 관해 결정할 수 있는 화면이 나타난다. 그 후 차종을 선택하게 되며 보험 종류를 선택한 후 최종 결제 금액이 안내되는 시스템을 이루고 있다.

이때, GPS 기반의 자동 위치 설정 시스템이 사용되어 고객 위치를 중심으로 서비스 제공이 가능한 자동차와 마이크로 모빌리티의 위치를 알려주며 자동 요금 계산 프로그램이 작동되어 요금 계산을 하게 된다. 결제 단계에서 고객은 할인 방식과 적립 여부를 결정하고 최종적으로 결제 방식을 선택하여 결제가 이루어진다. 결제 단계까지 완료됐다면, 고객의 실질적인 서비스 이용이 발생한다. 마이크로 모빌리티를 통해 주차된 차량까지 이동하며 차량 서비스를 위해 자동차의 개폐, 시동과 같은 조작 화면이 애플리케이션을 통해 나타난다. 고객이 자동차의 문을 열었다면 주유 카드의 위치가 애플리케이션을 통해 안내된다. 그 후, 고객은 자동차 공유 서비스를 이용할 수 있으며 이용 잔여 시간이 1시간일 때 서비스 이용 연장 여부에 대한 알림이 뜨게 된다. 서비스 이용을 연장하면 추가 이용 시간을 설정할 수 있는 화면이 나타난다. 또한, 킥보드와 자동차 서비스를 함께 이용할 때 목적지까지의 최적 경로를 안내하는 시스템이 구동되며 이용 거리당 유류비 청구를 위해 주행거리 계산 시스템이 구동된다.

• 서비스 이용 종료

서비스 종료를 위해 지정된 장소에 차량을 주차한 후, 애플리케이션을 통해 차량 서비스 이용 종료 버튼을 누르면 서비스 종료가 활성화된다. 이후 다음 단계인 추가 요금 결제 단계로 이동한다. 추가 요금 결제 단계에서 고객은 이용 거리당 금액인 유류비를 청구한다. 또한, 이용 시간을 연장한 고객이라면 그에 따른 금액도 이 단계에서 결제된다. 결제가 완료되면 차량 반납 및 관리 시스템을 통해 반납이 이루어진다. 부가 서비스 이용 단계는 차량 반납 장소에서 최종 목적지까지의 이동 방법을 묻는 단계이다. 고객은 부가 서비스인 마이크로 모빌리티 서비스에 대한 사용 여부에 관해 결정하게 된다. 이때, Back office process에서는 최종 목적지까지의 최적 경로 안내 시스템이 작동된다.

• 후기 작성 및 애플리케이션 종료

모든 서비스가 종료되고, 고객이 이용했던 서비스에 대한 평가가 진행되는 단계이다. 이용 후기 사진 및 줄글로 리뷰를 남길 수 있으며 평가는 별점으로 0~5점까지 평가할 수 있다. 고객의 평가를 통해 애플리케이션, 그리고 서비스 제공에 대한 피드백이 반영되며, 더 많은 고객 유치와 기존 고객의 보존을 위해 개선된 서비스를 제공하는 데 필요한 단계이다. 고객은 서비스 이용부터 후기 작성까지 모든 절차를 완료한 후 애플리케이션을 종료하게 된다. 이때 다른 고객을 위해 차량과 킥보드에 대한 점검이 시행되며, 서비스 이용으로 축적된 다양한 경로 데이터들을 수집하여 추후 서비스 이용 시 반영된다.

한국에서 서로 다른 개별적인 이동 수단을 모두 통합하여 하나의 번들로 제공하는 레벨 3의 MaaS 통합 플랫폼이 구현 가능해 지면 제주도로 가는 비행기에서 공항에 도착하여 숙소로 이동하고 현지에서 사용했던 이동 수단과 다시 공항에 도착하여 집에 돌아올 때까지 사용한 모든 이동 수단을 한 번에 결제할 것이고 자율주행 기술이 더 완전해진다면 통합의 4단계인 레벨 4의 도시의 계획과 교통정책과 통합된 단계로 실제 스마트시티가 구현될 것이다.

MaaS는 모빌리티의 불가피한 미래이다. 이동 수단을 넷플릭스처럼 구독하여 사용하는 때가 오면 부의 이동은 모빌리티 제조업자들에서 MaaS 플랫폼으로 빠르게 이동될 것이다. 모든 운송수단들은 플랫폼으로 연결되어 움직이는 도로 위의 자율주행 컴퓨터들이 될 것이다. 한국의 80% 가량의 자동차들이 사라지고 20%의 차량들을 MaaS 플랫폼을 통해 5,000만 인구가 공유하는 때가 오면 중요해지는 것은 차량을 부르고 목적지까지 자율주행 해주는 통신, 클라우드, 사물인터넷 등의 디지털 생태계이다. 나아가 운송수단 안에 다양한 콘텐츠를 접목시켜 교통정보, 영화 등의 탑승자의 니즈를 채워줄 '인포테인먼트(Information + Entertainment)'의 비즈니스 수요도 많아질 것이다.

MoT 글로벌 쇼는 MaaS 플랫폼으로의 사업 확장성을 갖고 있는 MICE 플랫폼 사업이다. 전시회를 통해 구축한 고객 베이스를 활용하고 이벤트의 화제성을 발현하여 MaaS 플랫폼 구축을 더 앞당겨서 구축할 수 있는 발판이 될 것이다. 플랫폼 사업이 또 다른 플랫폼 사업으로 확장되는 것이다. 빌보드차트에 오르는 가수들은 한철 장사이지만 빌보드는 지속가능한 수익을 낸다. 모두가 빌보드 1위를 하려고 할 때 미국은 영리하게 빌보드라는 플랫폼을 만들어 음악 시장을 독식하고 있다. 특히 MaaS 산업혁명으로 플랫폼화될 모빌리티 산업에 대해서는 첫째도 둘째도 우리는 플랫폼에 투자해야 한다.

Chapter 4

왜 MoT 글로벌 쇼를
서울에서 해야 하나?

이번 장에서는 MoT 글로벌 쇼를 개최하기에 서울이 왜 세계적으로 가장 적합한 도시인지 살펴 보겠다. 한국 시간 2023년 11월 29일, 프랑스에서 열린 제173차 국제박람회기구 총회에서 총 165개국이 투표한 결과 사우디아라비아의 리야드가 부산의 득표 수 29표의 거의 4배가 되는 119표를 받아 2030 부산 엑스포에서 2030 사우디아라비아 리야드로 바뀌어 부산은 굴욕을 당하게 되었다. 이렇게 한 도시가 1차 투표 만에 엑스포 유치가 확정된 사례는 2015년 밀라노 엑스포 이후 15년 만이다. 1차 투표에서 곧바로 엑스포 유치가 확정되기 위해서는 전체 투표수의 2/3 이상을 받아야 하므로 경쟁 도시가 세 도시 이상일 때에는 표가 분산되어 가능성이 낮아

▲ 리야드 엑스포 2030 축하 불꽃축제

진다. 따라서 1차 투표 만에 승부가 난 경우는 경쟁 도시들이었던 부산(29표)과 로마(17표)가 리야드보다 압도적으로 경쟁력이 낮다는 것을 증명해 준다.

왜 부산은 탈락하고 사우디아라비아의 리야드가 채택되었을까? 리야드는 부산의 가장 강력한 경쟁 상대로 오일 머니를 기반으로 엑스포 유치에 박차를 가해 홍보해 왔다. 2023년 10월까지만 해도 부산이 리야드에 비해 약간 밀리고 있는 모양새였는데 사우디아라비아의 엑스포 유치는 네옴시티를 비롯해 미래 석유 의존도를 낮추고 경제를 다각화하는 대형 국가 프로젝트인 '사우디아라비아 비전 2030'의 일환을 내세웠다. 먼저 사우디아라비아 비전 2030이란 본질적으로는 사우디의 경제 개혁 플랜이다. 개혁의 핵심 목표는 극심한 자원 의존 경제를 탈피하기 위하여 국영 기업인 아람코를 기업공개하여 지분 매각을 하는 등 무려 3조 달러에 달하는 공공투자 기금을 조성하는 계획이다. 그 후, 이를 바탕으로 내수 투자 증진 및 국내 창업활동 등을 지원하여 비석유 부분 국가 수입을 6배 가량 증진하는 게 목표이다. 이 비전의 일환인 네옴시티란 석유에 지나치게 의존하는 경제구조에서 탈피하기 위해 약 1조 달러를 사용해 경상도 면적보다 조금 작은 지역 내에 짓는 친환경 도시이다.

그에 반해 부산은 '문화 경쟁력'을 내세웠지만 결국 '오일 머니'의 장벽을 넘지 못한 것이라는 것이 전문가들의 분석이다. 사우디는 왕정 체제를 총 동원해 로비 활동을 벌이고 막대한 자금력으로 BIE(국제박람회기구) 회원국을 포섭했다. 또한 한국은 지난해 7월에야 민관 합동으로 엑스포 유치위원회를 꾸리고 뒤늦게 유치전에 뛰어든 것에 반해 사우디는 무함바드 빈 살만 사우디아라비아 왕세자가 2021년부터 사활을 걸고 엑스포 유치에 나섰기 때문에 사우디가 압도적 승리를 점쳤다는 의견이 많다.

결국 한국은 올림픽, 월드컵과 함께 세계 3대 행사로 불리는 엑스포를 사우디아라비아, 리야드에 뺏기고 말았다. 엑스포는 올림픽과 월드컵과는 비교가 안 되는 경제적 효과를 불러오는 행사이다. 관련 연구기관들은 만약 부산에 엑스포가 개최되었다면 경제 유발 효과는 61조 원, 생산 유발 효과는 43조 원, 부가가치는 18조 원 그리고 50만 명이 넘는 고용 창출 효과가 있을 것이라고 예측했다.

▲ 부산 엑스포 홍보 포스터

한국이 이와 같은 실수를 반복하지 않기 위해서 갖추어야 할 경쟁력은 무엇이며 이를 토대로 세계적인 입지를 다지기 위하여 어떻게 MoT 글로벌 쇼를 세계적으로 홍보해야 하는지 살펴보려 한다.

1. 글로벌 스마트도시 1위, 서울시

24일 연세대와 영국 케임브리지대가 공동 연구한 '2022 스마트시티 인덱스 보고서'에 따르면 서울시는 전 세계 주요 대도시를 대상으로 조사한 스마트도시 경쟁력에서 1위를 차지했다는 연구 결과가 나왔다. 스마트시티 인덱스 보고서는 주요 글로벌 대도시 31곳의 디지털 경쟁력을 종합적으로 분석해 평가해 순위를 매긴다. 시민이 체감하는 디지털 서비스와 지능형 교통 체계, 도시 혁신성, 각종 ICT 기반 디지털 프로젝트 등을 산출 지표로 활용된다. 여기에 공공 데이터 개방과 디지털 플랫폼 도입, 4차 산업혁명 기술 활용, 친환경에너지·기후 변화 대응, 도시의 지속 가능성 등도 평가 기준에 포함된다.

세계 최고 수준의 정보통신기술(ICT) 인프라에 더해 중장기적인 스마트도시 달성 계획에서 서울시가 가장 높은 잠재력을 확보한 결과라는 분석이다. 특히 지난해 오세훈 서울시장 취임 이후 서울시가 선제적으로 시행하고 있는 '스마트 포용도시' 전략이 글로벌 도시의 롤 모델로 자리 잡고 있다는 평가가 나온다.

'2022 스마트시티 인덱스 보고서'에 따르면 서울은 종합 점수 97점을 받아 전 세계 주요 도시 중 1위를 차지했다. 서울에 이어 스페인 바르셀로나(87점), 네덜란드 암스테르담(75점), 핀란드 헬싱키(73점), 포르투갈 리스본(65점)이 상위권에 이름을 올렸다.

대표적인 글로벌 도시인 미국 뉴욕과 영국 런던은 51점을 기록해 8위를 차지했고 중국 상하이(38점)와 일본 도쿄(18점)는 하위권에 머물렀다. 프랑스 파리는 14점으로 이번 조사에서 29위에 그쳤다.

▲ 6S와 에스넷(S-net)을 소개한 이원목 서울시 스마트도시 정책관

서울의 면적보다 10배가 크고 인구는 2,400만으로 서울 인구 978만의 약 1.5배나 더 많은 상하이보다 서울이 스마트도시 경쟁력 97점으로 세계 1위를 하고 상하이는 38점으로 16위이다. 오히려 서울의 작은 면적이 한국의 세계 최고 수준의 정보통신 기술과 지능형 교통체계, 그리고 도시 혁신성, 마지막으로 서울시의 정책들이 만났을 때 더 효과적으로 스마트시티의 인프라를 실행시킬 수 있게 하는 이점으로 작용하게 되는 것이다.

이러한 지표는 서울이 MoT 국제 박람회를 개최하기에 국내뿐만 아니라 세계적으로 가장 최적의 도시라는 것을 증명해 주고 있다. 서울은 국내에서 최고의 기술 보증이 되는 테스트 베드의 도시일

뿐만 아니라 세계적인 기술 보증이 되는 국제적인 사물이동성의 테스트 베드가 되는 중심인 것이다.

글로벌 스마트시티 경쟁력 세계 1위의 도시가 된 서울에서 MoT 글로벌 쇼를 개최할 때 서울의 디지털 역량들을(디지털 경쟁력인 디지털 서비스, 지능형 교통체계, 도시 혁신성, 각종 ICT 기반 디지털 프로젝트, 공공 데이터 개방, 디지털 플랫폼 도입, 4차 산업혁명 기술 활용, 친환경 에너지·기후변화 대응, 도시의 지속 가능성) 국제적으로 활용하며 서울의 디지털 경쟁력을 증명함과 동시에 도시 증진 및 홍보가 될 수 있으며 박람회라는 플랫폼 사업으로 국익에 크나큰 기여를 할 것으로 예상해 볼 수 있다.

2. 국내 MoT 산업의 사업체들의 대다수가 서울에 있다

연구 결과 대한민국의 MoT 산업 절반 이상이 서울에 위치하고 있다. 예를 들어 로봇 산업 50.3%, 자율주행차 58% 그리고 드론 산업 사업체의 37%가 서울에 위치하고 있다.

MoT 관련 기업들의 대부분이 수도권에 편중된 이유는 이제 막 등장한 MoT 산업의 기술들을 이끄는 기업들은 스타트업 및 중소기업들이 많다. 기업의 성장을 위해서는 대기업과의 협력 관계로 대부분의 이익을 창출해야 하는 스타트업과 중소기업의 생태계 구조의 특성상, 대기업이 다수 분포한 지역에 회사를 세우는 것이 합리적이기 때문이다. 또한 지방에 기업을 유치해도 적합한 인력을 구할 수 없는 상황이다. 산업연구원에 따르면, 2021년 기준 인구 비중은 수도권 50.3%, 비수도권 49.7%다. 경제 활동이 왕성한 20 세에서 39세의 청년층의 55%는 수도권에 몰려 있다. 이는 양질의 일자리 대부분이 수도권에 집중된 데 따른 결과로 풀이된다. 뿐만 아니라 지방 근무에 대한 청년들의 인식도 부정적이다. 대한상공회의소가 2022년 6월 수도권에 거주하며 구직 활동을 하는 청년 301 명을 대상으로 '지방 근무에 대한 청년 인식 조사'를 실시한 결과, 지방 근무를 기피하는지를 묻는 질문에 49.2%가 '다소 그렇다', 23.6%가 '매우 그렇다'고 응답했다. 72.8%의 청년 구직자가 지방 근무를 기피하는 셈이다. 미래기술의 집약체인 MoT 산업은 더욱 젊은 인재들을 발굴해서 현식을 이끌어야 하는 산업이다. 때문에 향후로도 MoT 산업의 기업들은 이미 성숙화된 타 전통적인 산업의 기업체들보다 더욱 더 수도권에 집약될 것으로 전망된다.

3. 서울시 자율주행 비전 2030

서울시는 한국에서 최초로 2026년까지 전역에 자율주행 인프라를 구축한다는 '서울시 자율주행 비전 2030'의 비전이 구체적으로 실현되고 있는 도시이다. 때문에 MoT 산업들의 거리적인 접근성과 서울시라는 도시가 갖출 자율주행차의 인프라의 편이성으로 인하여

MoT(사물이동성) 박람회는 서울시에서 개최하는 것이 가장 효과적이라고 분석된다.

서울시 자율주행 비전 2030이란?

한국에서 가장 교통체증이 심각하고 인구가 많은 곳은 대한민국의 수도, 서울시이다. 증가하는 도시 인구 때문에 스마트시티 인프라의 수요가 가장 필요한 곳이기도 하다. 서울시는 이에 대한 해결책으로 5년 간('22.~'26.) 1,487억 원을 투자하여 서울시를 '자율주행차의 열린 테스트 베드 도시'로 발전시킬 것이며 26년까지 서울 전역에 자율주행 인프라를 구축해 완전 자율주행 시대를 연다고 선포했다. 이를 통해 서울시를 '자율주행차의 열린 테스트 베드 도시'로 발전시키겠다는 것이 그 목표이다.

년도	서울시 목표
2020	**2020년 9월**: 강남 일대 129개소의 교통신호정보로 디지털화해 신호등 색상, 다음에 변경될 신호까지 남아있는 시간을 0.1초 단위로 자율주행차에 제공하는 등 자율주행 지원인프라(C-ITS)를 구축
2021	**상암에서는 11월(2021년) 말부터 자율차가 운행을 시작**: 스마트폰으로 차량을 부르는 수요응답형 자율차(승용형) 등 순차적으로 6대가 유상 운행을 시작(DMC역과 아파트단지·오피스 지역·공원을 연결하는 노선이 운행된다. 한 달간 무료 운행 후 '22.1월 중 유료로 전환)
2022	• **강남 자율차가 운행을 시작**: 레벨 4 수준의 로보택시(무인 자율주행택시)를 운행, 민간과 함께 출발지와 목적지를 스마트폰으로 선택해 호출하는 '로보택시'를 10대 이상 선보인다. • **4월**: 연간 4천만 명이 찾는 도심명소 청계천(경복궁, 창경궁, 광장시장, 동대문)에 도심순환형 자율주행 버스를 운행. 순수 국내 기술로 제작한 미래형 자율주행 버스 시범 2대를 시작으로 점차 운행 대수를 확대하며, 운행 구간은 청계 광장부터 청계 5가까지 4.8km를 왕복한다. 연간 9만 명의 시민들에게 자율차 탑승 기회를 제공할 예정(일 24회 운행)
2023	• **여의도에서 자율차가 운행을 시작** • **자율주행 버스를 대중교통수단으로 정착시키기 위해 자율주행 노선버스(홍대~종각~흥인지문) 시범 운행을 시작**: 23년에는 심야시간대 이동이 많은 홍대~신촌~종각~흥인지문(9.7km)을 연결하는 노선을 신설, 심야시간대 중앙차로를 이용해 운행

2024	• 마곡에서 자율차 운행을 시작 • **2024년에는 도심과 부도심을 연결하는 장거리 운행 심야 자율주행 버스 노선 추가 운행**: 여의도~도심~도봉(24.6km), 수색~도심~상봉(23.8km), 구 파발~도심~강남(24.6km) 등 • 2024년부터 도시관리 공공서비스에도 자율주행 기술을 도입. 환경미화원 등 근로자의 운전 부담을 덜어 업무 피로도는 낮추고 효율은 높일 것으로 기대 • 순찰 · 청소 분야부터 2024년 우선 도입 • 자율주행에 필수적인 정밀도로지도를 2024년 4차로 이상 도로
2025	• 25년부터는 순찰 · 청소 · 제설 등 도시관리 공공서비스에도 자율차가 도입 • 25년에는 기술발전과 연계해 자율제설차 실증을 시작
2026	• 26년까지 자율주행 버스를 대중교통 수단으로 정착 • 26년까지 서울 전역에 자율주행 인프라를 구축해 완전 자율주행 시대 • 서울 시내 2차선 이상 모든 도로에 자율주행 인프라를 구축 • 시민들이 생활 속에서 이용할 수 있는 서비스를 단계적으로 도입해 2026년 TOP 5 자율주행 도시로 도약 • 26년까지 300대 이상의 자율차 서비스 • 상암 일대에서만 2026년까지 50대 이상으로 자율차를 확대 운영 • 2026년까지 강남 내부를 순환하는 자율주행 버스와 로보택시 등을 100대 이상으로 확대 • 2026년까지 지하철 등 대중교통이 끊긴 심야 시간대를 중심으로 장거리 운행 자율주행 버스를 100대 이상으로 확대할 계획 • 2026년까지 자율주행차 50대 이상을 공공 서비스 분야에 도입·활용해 시민 안전을 지키고 깨끗한 도시를 만들어 간다는 목표 • **2026년까지 서울 전역 2차로 이상 도로에 자율주행 인프라를 구축**: 2차로 이상 모든 도로(4,291개소, 총연장 8,240km)의 교통신호정보를 자율주행차 에 실시간으로 제공할 수 있는 인프라를 구축 • 자율주행에 필수적인 정밀도로지도를 2026년 2차로 이상 도로 • 2026년까지 서울을 TOP5 자율주행 선도도시로 부상
2027	• 2027년 상용 자율차(Lv.4) 판매 • 2027년부터 전국 주요 도로 운행이 가능한 상용 자율차(Lv.4)의 일반 판매 시작
2028	없음
2029	없음
2030	• 2030년에는 서울을 자율주행 도시 세계 3위권까지 끌어올려 도시 경쟁력 높이기 • 2030년 서울시는 자율주행과 함께하는 미래 도시 • 2030년 서울은 차별 없는 이동의 자유가 보장되고 교통사고 없는 안전한 도시, 자동차가 줄어들어 쾌적하고 보행자와 자전거, 물류 로봇이 도로를 공유하는 도시, 자율주행 표준 모델 도시로 기억될 것

▲ 연도별 서울시 자율주행 비전 2030의 목표

서울시 자율주행 비전 2030 연도별 목표를 보면 이미 2026년이 면 자율주행 버스는 대중교통수단으로 정착되고 서울 전역에 자율 주행 인프라가 구축이 완성되며 2차선 이상 모든 도로에 자율주행 인프라가 구축된다. 때문에 MoT 글로벌 쇼는 서울시가 자율주행 미래도시/표준모델 도시로 정착하는 시기에 개최되며 최고의 시너 지를 창출해 낼 수 있다.

무엇보다 자율주행차뿐만 아니라 2030년에는 로봇이 도로를 공 유하며 일반 자동차가 현저하게 줄어들 것이라는 전망이 있다. 때 문에 자율주행차뿐만 아니라 사물이동성의 다른 운송체계들인 로 봇, 드론, 마이크로 모빌리티 그리고 이를 수용할 수 있는 스마트시 티 인프라와 에너지원인 신재생에너지 등이 이러한 서울 비전의 목 표와 부합하는 산업들이다.

이러한 서울시 자율주행 비전 2030 정책들이 도시 전체를 탈바꿈 하는 앞으로의 최대 7년의 기간에 MoT 글로벌 쇼의 개최는 서울 시의 비전을 현저히 앞당기는 촉진제 역할과 서울시를 세계 최고의 MoT(사물이동성) 랜드마크로서의 입지를 다질 국제적인 축제가 될 것 이다.

또한 MoT 글로벌 쇼는 기업 · 대학 · 연구기관 등 자율주행과 그 이상 MoT 산업과 관련된 기관들을 아우르는 민 · 관 · 학 · 연 협의체를 가동해 사업 추진의 걸림돌을 극복하고 상용화를 앞당기는 만남의 장이 될 것이다. 국제적인 관점에서 봤을 때 MoT 인프라가 활발하게 구축 중에 있는 서울시에서의 사물이동성 전시회 개최는 국외 MoT 사업체들이 자유롭게 그들의 상품을 테스트 및 홍보하는 데 최적의 통로로 작용할 것이며 비즈니스 교류의 활성화로 인하여 박람회 참여 기여도를 상승시킬 것으로 예상된다.

이러한 서울시의 자율주행차 관련 열린 정책들로 지어질 서울시 안 첨단 인프라는 MoT 글로벌 쇼를 꼭 서울시에서 개최해야 하는 이유이다. 서울시는 상암(2021년), 강남(2022년), 여의도(2023년), 마곡(2024년) 순으로 '자율주행 시범지구'로 지정했으며 강남 지역은 2022년부터 레벨 4 수준의 로보택시(무인 자율주행택시)를 운행하는 등 빠르게 상용화 단계로 나아갔다. 때문에 서울시에서 자율주행 시범 지구로 지정된 상암, 강남, 여의도, 마곡 중 레벨 4 자율주행 운행이 상용화된 강남이 자율주행 인프라 활용에 다양한 이벤트와 홍보를 실시하기에 서울 내에서 가장 편의성이 높은 도시이다.

4. MoT 연관 분야 전시회 시장 점유율, 약 25%가 서울에서 개최

대한민국에서 개최되는 전체 593개의 전시회 중 MoT 산업과 직/간접적으로 연결되는 전시회들을 연구해 본 결과 총 45개로 약

2021 국내전시산업통계
전체전시회 및 인증전시회 통계 비교

● 전시회 개최건수

593건 전체전시회
134건 인증전시회

● 인증전시회란,
전시회 기본정보, 전시면적, 참가업체 수, 참관객 수에 대한 데이터를 표준화된 기준에 따라 제 3의 기관에서 객관적으로 조사, 확인하여 검증된 전시회를 말함. 국내의 참가업체 및 참관객 비율에 따라 국제인증과 인증으로 분류되며, 매년 약 120건의 전시회가 인증자격을 부여받고 있음

● 총 전시면적

5,440,194㎡ 전체전시회
1,917,134㎡ 인증전시회
평균 9,174㎡   평균 14,307㎡

● 순 전시면적

2,461,634㎡ 전체전시회
550,514㎡ 인증전시회
평균 4,151㎡   평균 4,108㎡

● 참가업체 수

평균 129개사
76,534개사 전체전시회
22,714개사 인증전시회
평균 170개사

119개사 전체전시회   147개사 인증전시회
10개사 전체전시회   22개사 인증전시회
국내 참가업체 수(평균)   해외 참가업체 수(평균)

● 참관객 수

평균 8,939명
5,300,650명 전체전시회
1,642,023명 인증전시회
평균 12,254명

8,869명 전체전시회   12,049명 인증전시회
70명 전체전시회   205명 인증전시회
국내 참관객 수(평균)   해외 참관객 수(평균)

▲ 2021 국내 전시산업 통계

7.6%를 차지한다. 이 중에서 11개의 전시회들이 서울시 강남구에서 개최된다. 이는 개최되는 전체 박람회들의 1.9%의 비율이지만 전국적으로 개최되는 MoT 직·간접 박람회 수의 24.4%이다.

반대로 MoT 산업과 직접적으로 연결되는 전시회는 전국적으로 13개가 개최되며 이는 전체적으로 개최되는 박람회의 2%의 비율이다. 그 중 서울시에서 개최되는 전시회의 숫자는 3개로 전체 박람

한국 전시회 총 개최 건수: 593건 (2021년)			
전국 MoT 산업 직·간접 전시회	45개	전국 MoT 산업 직접 전시회	13개
서울시 개최 MoT 산업 직·간접 전시회	11개	서울시 개최 MoT 산업 직접 전시회	3개
서울 / 전국(%)	24.4%	서울 / 전국(%)	23%

▲ MoT 산하 또는 직/간접 산업 전시회들 지역별 갯수

회의 0.5%의 비율이지만 전 국적으로 개최되는 MoT 산업 직접 연관 박람회 수의 23%이다.

국내에서 즉 MoT라는 분야는 국내 전시회 산업에서 아직 블루오션의 전시분야로 퍼스트무버가 선점할 수 있는 엄청난 잠재력을 가진 분야이다. 또한 서울이 전체 국내에서 개최되는 MoT 직·간접 전시회들의 1/5을 차지하는 지역으로 잠재적인 MoT 전시 시장이 이미 형성되어 있다. 위 시장 분석을 통해 MoT 글로벌 쇼의 성공 전략을 다음과 같이 정리해 볼 수 있겠다.

• 서울에서 열리는 MoT의 직접 경쟁 전시사들 중 사물이동성 분야를 내세우는 전시회는 '2023 스마트 모빌리티 물류산업전'으로 6월 말, 코엑스의 주최로 일주일 동안 개최되는데 전시회 분야는 스마트 도로 기술, 자율주행, 화물차 군집 주행, UAM 등 차세대 모빌리티 기술과 AI, 무인 배송, 주문 배송시설(MFC) 등 스마트 물류센

터 구축 및 활용 기술을 연계한 '물류 4.0' 혁신 기술을 소개한다.

- 나머지 2개의 전시회는 'EV 트렌드 코리아 2023'과 ' 2023 오토모티브월드코리아'인데 'EV 트렌드 코리아 2023'는 '전기차' 분야를 전문적으로 전시하며 '2023 오토모티브월드코리아'는 자동차 전장 기술, 친환경 자동차 기술, 자동차 경량화 기술, 이 3가지 분야들을 전문적으로 전시한다.

- MoT는 위 3개의 직접 경쟁사들의 전시 기간들인 3월 중순, 4월 중순 그리고 6월 하순을 피해 개최해야 한다.

- MoT 개최 시 '자율주행 자동차' 같이 MoT의 하나의 산업 분야를 내세우기보다는 MoT 그 자체가 대주제가 되어야 서울뿐만 아니라 전국적 MoT 모빌리티 관련 개최 전시회들과 차별화가 될 수 있고 화제성을 불러 올 수 있다.

- 그러기 위해서 MoT 산업 분야별 상징적인 인물 또는 기업을 홍보한다.

서울은 전통과 첨단기술이 다이내믹하게 운동하고 있는 역동적인 도시이다. 한국은 지난 10년간 K-pop과 K-movie 등의 콘텐츠의 여파로 세계인들의 뜨거운 관심을 받게 되었다. 하지만 화려한 대중문화의 저변에는 한국이 짧은 시간 안에 이루어낸 경제 성장의 모델이 있다. 중국, 북한, 일본에 둘러싸여 항상 외래의 침략에 노출되어 온 작은 나라의 수도 서울에서 한강의 기적이 일어나 지금은 OECD 국가가 되었다. 이러한 서울에서 제2의 한강의 기적이 MoT로 인해 불어올 것인가는 아직 미지수이지만 한국의 서울은 미래의 모빌리티인 MoT의 최고의 도시라는 것은 세계적인 연구기관들의 분석에 증거하고 있다. 우리는 이러한 서울의 잠재력을 최대한 활용하여 미래 모빌리티의 핵심 기술인 자율주행과 더불어 인류의 삶을 혁명시킬 MoT 산업에 몰두하여 미래 세대의 먹거리를 준비하여 어쩌면 한강의 기적보다 더 위대한 기적을 기대해 볼 수 있지 않을까 기대해 본다.

Part

4

MoT 시장 규모

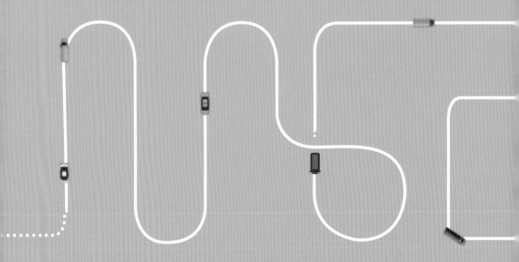

Chapter 1_ 하드웨어

Chapter 2_ 부품

Chapter 3_ 신에너지

Chapter 4_ 인프라

지금까지는 왜 MoT 글로벌 쇼를 대한민국 서울에서 개최해야 하는지에 대한 배경으로 전시회라는 MICE 플랫폼이 창출할 경제적 파급 효과들을 살펴보았다. 이번 마지막 장에서는 MoT 글로벌 쇼로 유입될 MoT 산업의 시장 규모를 가늠해 보기 위해 가시적 성장을 이루고 있는 11개의 MoT 산업들을 분류하여 산업별 시장 규모와 미래의 잠재성을 알아보도록 하겠다. MoT 글로벌 쇼의 전시 분야는 다음과 같다.

MoT 글로벌 쇼 전시 분야

[대주제] MoT(사물이동성)
- **하드웨어**: 자율주행차(마이크로 모빌리티, 에어, 대중교통, 개인), 로봇(범용 자율 로봇), 드론 부품(배터리, 반도체, 각종 부품들 등)
- **소프트웨어**: ADAS, Intelligence, Infotainment, O2O Lifestyle, Sharing, UI/X Experience, Security/ Network, DATA/API 등
- **인프라**: ESG, 스마트시티, 신에너지원 등

▲ MoT 글로벌 쇼 전시 분야

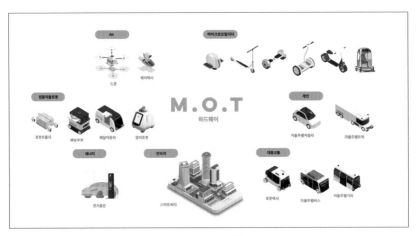

▲ MoT 생태계

이러한 전시 분야들을 크게 나눈 11개의 산업들의 시장 규모와 연평균 성장률은 아래와 같다.

	MoT 산업분류	MoT 산업분야	한국 시장규모	CAGR	글로벌 시장규모	CAGR
1	H/W 완제품	자율주행차	USD 113M 1,509억 원	40%	USD 147.54B 220조 3,993억 원	40.43%
2		로봇	USD 4.2B 5조 6,000억 원	2.5%	USD 72.17B 94조 원	14.7%
3		드론	USD 631M 8,406억 원	1.7%	USD 23B 30조 5,662억 원	13.8%
4	부품	ADAS센서	USD 1,265M 1.7조 원	13.6%	USD 27B 36조 원	11.9%
5		반도체	USD 107B 142조 원	19.3%	USD 604B 804조 원	49.3%
6	S/W	인공지능	USD 2,070M 2조 7,683억 원	25.44%	USD 58.1B 78조 원	39.7%
7		사물인터넷	USD 14B 18조 6,904억 원	14.5%	USD 1,193B 1,589조 원	23.46%
8		정보통신	USD 420.6B 560조 원	5.1%	USD 8851.41B 1경 원	8.2%
9	신에너지	2차 전지	USD 17B 23조 3,000억 원	20%	USD 121B 161조 원	15.8%
10		수소	USD 8.3M 11조 원	21%	USD 222B 286조 원	58%
11	인프라	스마트시티	USD 113.5B 151조 원	29.3%	USD 678B 902.3조 원	20.6%

▲ MoT 구성 산업별 시장규모 및 연평균 성장률

첫 번째 MoT 산업 분류는 완제품으로 출시되는 하드웨어이다. 산업 분류로는 자율주행차, 로봇, 드론으로 대표될 수 있겠다. 두 번째 산업 분류로는 '부품'으로 MoT 산업분야에 부품으로 제조되는 산업인 'ADAS 센서'와 '반도체'가 대표적이다. 세 번째 산업 분류는 신에너지로 MoT 제품들을 가동시키는 연료에 해당하는 산업이다. 대표적으로는 2차 전지와 수소 산업이 있다. 마지막 MoT 산업 분야의 분류는 '인프라(시설)'로 사물이동성 제품들이 실제로 가동할 수 있는 물리적인 환경과 시설을 뜻한다. 대표적인 분야로는 스마트시티가 될 수 있겠다.

| | MoT 시장규모 | | | | | | | |
| | 하드웨어 | | | 부품 | | 신에너지 | | 인프라 |
	자율 주행차	로봇	드론	ADAS 센서	반도체	2차 전지	수소	스마트 시티
세계 시장규모	총 약 1.5경 원							
연평균 성장률	약 27%							
한국 시장규모	총 약 905조 원							
연평균 성장률	약 17.5%							

▲ 총 MoT 시장규모 및 연평균 성장률 – 세계 vs 한국

MoT를 대표할 수 있는 11개의 산업들을 더한 총 세계 시장규모는 총 1.5경 원으로 파악되며 8개 산업의 연평균 성장률의 평균값은 27%이다. 내수 시장만 따져본다면 총 시장규모 905조 원으로

연평균 성장률의 평균값은 17.5%이다. MoT를 대주제로 한 'MoT 글로벌 쇼'라는 MICE 플랫폼의 성과는 MoT 산업을 구성하는 각각의 산업들의 성장률과 미래 사회에서의 산업의 수익성과 직결되기 때문에 각 산업의 잠재성을 점할 동향을 살펴보는 것은 'MoT 글로벌 쇼'에 유입될 산업 파이의 크기를 가늠할 수 있게 해주는 지표가 된다. 앞으로 이동 수단의 미래가 되는 MoT 산업은 다양한 미래의 신기술들의 융복합으로 위의 8개의 산업뿐만 아니라 더 많은 신생사업들이 더 많이 창출될 것으로 보인다. 하지만 지금 현재로서는 가장 가시적인 성과를 보이고 있는 위 8개의 산업들을 중심으로 잠재 성장력과 시장의 동향, 미래 사업의 수익성을 알아보겠다.

Chapter **1**

하드웨어

1. 자율주행차

도로 위의 슈퍼컴퓨터라고도 불리는 자율주행 자동차는 자동차에 IT · 센서 등 첨단 기술들을 융복합하여 스스로 주변 환경을 인식, 위험을 판단하고 주행 경로를 계획하여 운전자 또는 승객의 조작 없이 안전한 운행이 가능하도록 한 자동차를 말한다(「자동차관리법」 제2조 제1호의 3). 자율주행 기술은 자동화 단계의 구분에 따라 레벨 0부터 5까지 분류할 수 있는데, 레벨 3부터를 자율주행 자동차로 본다.

자율주행차 시장에서 주목해야 할 점은 가파른 성장률뿐만 아니라 앞서 살펴본 자율주행차가 창출하게 될 7천 840조 원의 가치의

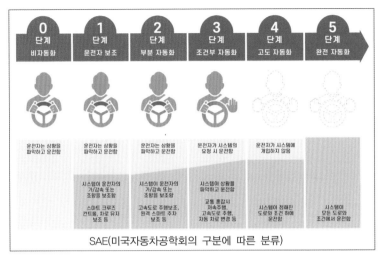

SAE(미국자동차공학회의 구분에 따른 분류)

▲ 단계별 자율주행

승객 경제의 시장이다(출처: 스트래트지 애널리틱스의 <미래를 가속하다: 떠오르는 승객 경제의 영향력>).

자율주행 기술로 인하여 완성차 업체 수익은 80% 가량 감소할 것이며 반대로 승객이 호출하면 오는 '온 - 디맨드 자율주행 전기차'는 95%로 성장할 것으로 전망된다고 미국 신기술 부문 연구소는 밝혔다. 2035년이 되면 인구의 80%가 로봇 택시를 이용하게 될 것이며 자율주행차로 인하여 자동차 사고 관련 공공 안전 비용이 USD 234B 감축되며 이로 인하여 미국 내 현금 여유분은 USD 900B 가량을 더 보유할 수 있게 될 것이라고 전망했다. 또한 운전자가 없는 운송 서비스의 확대 및 진화에 따라 생겨나는 혁신적인 애플리케이션 시장 규모는 약 USD 2,000억이 될 것으로 전망된다.

이렇듯 기업이 주목해야 할 측면은 자율주행차가 생성할 새로운 경제가치인 '승객 경제'이다.

• 국내 자율주행차 산업 실태 및 시사점

**"성장은 빠르지만 국내 자율주행 관련 보수적인 정책 규제의
한계점으로 해외 시장으로 빠지는 추세"**

세계 시장규모	USD 147.54B(220조 3,993억 원) ∣ CAGR 40.43%
국내 시장규모	USD 113M(1,509억 원) ∣ CAGR 40%
한국 시장 점유율	약 0.7%
사업체 수	85개
종사인력	15만 명
수출/입	측정 불가
글로벌 순위	준비지수 7위 / 특허 5위

▲ 한국 자율주행차 산업

자율주행차의 시장규모는 국내 기준 1,509억 원으로 세계 시장에 비하면 비교적 작은 시장이지만 주목해야 할 점은 성장률이다. 국내 자율주행차 시장은 연평균 40%로 성장하며 전 세계 자율주행차 시장(약 220조 4,000억 원, CAGR 40.43%)과 발맞추어 성장하고 있다. 시장이 빠르게 성장하는 만큼 종사인력도 빠르게 성장하고 있다. 자율

주행차 관련 국내 종사인력은 약 15만 명으로 추정되며 이 중 2018
년 기준 미래형 자동차 산업 기술 인력이 5만 명으로 2015년 대비
5배나 증가되었다. 이 인력은 2028년이 되면 8만 9,000명으로 증
가할 것으로 전문가들은 전망한다.

산업통상자원부가 명시한 자율주행차 선도기업들은 국내 기업으
로는 삼성, SK, 현대, KT, LG, 기아 등 대기업들이 주를 이루고 그
외에는 만도, MDS테크놀리지, 인포뱅크 등의 벤처기업들이 국내
자율주행차 시장을 주도하고 있다. 이들을 포함하여 국내에는 약
85개의 자율주행차 관련 기업들이 있다.

한국의 자율주행차 산업의 글로벌 경쟁력은 경영컨설팅 기업
KPMG와 한국은행 등에 따르면 지난 2020년 기준 7위에 그친 것
으로 나타났다. 이 지표는 정책·입법, 기술·혁신, 인프라, 소비자
수용성 등 네 가지 평가 항목을 토대로 국가별 현황을 분석한 뒤 도
출한 것이다. 반면 한국은 자율주행 관련 특허 순위는 5위로 상위
권에 위치하고 있다. 한국이 자율주행 자동차 산업에서 종합적으로
상위권에 순위하지 못한 이유는 '정책, 입법'에서 글로벌 선도국가
들에 비하여 아직까지 우리나라는 규제가 엄하다는 평이 많다. 선
도 국가들의 자율주행 관련 규제들은 가이드라인을 제시하는 네거
티브 규제로 느슨하게 풀어주는 반면 우리나라는 자율주행을 조건

부로 허용하는 포지티브 규제로 더 엄격한 편이다. 단편적인 예로는 미국 같은 경우 자율주행 허가 도시가 117개인 것에 비해 우리나라는 1개인 데 비추어 보면 한국의 자율주행 관련 정책, 입법의 제약으로 산업이 활발하게 육성되지 못하고 있다는 점을 알 수 있다.

그럼에도 불구하고 한국의 자율주행 산업은 해외시장에서 인상적인 성과들을 내고 있다. 현대자동차는 앱티브와 협력하여 2020년 보스턴에 모셔널(Motional)을 설립하고 순수 전기차를 기반으로 운전자 없이 안전 운행이 가능한 SAE(미국자동차공학회) 레벨 4 수준의 자율주행 차량을 개발했다.

이어 피츠버그, 샌타모니카, 싱가포르, 서울, 라스베이거스에서 라스베이거스에 사무소를 개소한 현대자동차그룹과 모셔널은 라스베이거스에서 아이오닉 5 기반의 레벨 4 자율주행 자동차(아이오닉 5 자율주행차)를 최초로 서비스하기 위한 준비에 착수했다. 유진로봇은 미국과 유럽 6개국에 자율주행 물류배송 로봇, 자율주행 기반 물류배송 플랫폼, 코가트 옴니 200을 수출하고 있다. 카메라와 레이더, 자율주행 통합제어장치(DCU) 등을 만들어 현대, 기아 북미 공장에 납품하고 있는 HL클레무브사는 2022년 5월 멕시코 법인을 설립하고, 600억 원의 투자를 받아 멕시코 코아우일라주 살티요에 생산공장 건설을 시작했다. 현재 인천 송도, 중국 쑤저우, 인도 벵갈로에 생산 거점을 운영 중인 HL클레무브 사는 멕시코 공장에서 첨단 운전자 지원 시스템(ADAS)과 자율주행(AD) 기술 구현에 필요한 레이더와 카메라 등을 생산한다.

2. 로봇

두 번째 MoT의 하드웨어 분야의 산업은 로봇이다. 자율주행차는 승객을 태우고 A에서 B까지 운행을 해주는 교통수단에 분류된다면 로봇은 특수한 목적을 수행하기 위해 각각의 목적에 맞춰 인간의 생활에 밀착되어 사용되는 자동화 기계이다. 로봇 전체 산업 중 '서비스 로봇'의 성장세는 가파르다. 시장 조사업체인 리서치앤마켓의 <글로벌 서비스 로봇 시장 전망에 관한 보고서>에 따르면 글로벌 서비스 로봇 시장은 연평균 36.15%의 성장률을 기록하면서 2022년 158억 7,000만 달러(약 20조 8,000억 원) 규모에서 오는 2030년까지 1,873억 3,000만 달러 규모로 성장할 것으로 예상된다.

전문 서비스 로봇 시장은 자동화, 인공지능, 엔지니어링, 머신러닝 등을 포함한 로봇 공학의 급속한 기술 발전에 힘입어 지속적인 성장을 경험하고 있다. 서비스 로봇의 확산은 인간의 능력을 변화시켜 작업 효율성을 높이는 방향으로 이끌고 있다. 국제로봇연맹(IFR)은 최근 수십 년 동안 로봇의 수가 3배 증가했다고 보고했다. 로봇 분야의 이 같은 트렌드는 향후 20년 동안 이어져 로봇 개발을 주도할 것으로 예상된다.

로봇은 또한 점점 더 운송 산업의 중요한 구성 요소가 되어가고 있으며 사람과 물품을 한 장소에서 다른 장소로 이동하는 방식을 변화시키고 있다. 로봇 공학 기술은 항공, 해상, 철도, 도로교통 등 다양한 교통 분야에 적용 되고 있다. 교통 분야에서 로봇 기술을 적용하는 가장 중요한 분야 중 하나는 앞서 살펴본 자율주행차와 드론, 자동화 운송 산업이다. 운송 수단에서의 로봇은 인간보다 더 효율적이고 정확하게 작업을 수행할 수 있어 작업장에서 사고와 부상의 위험을 줄일 수 있다. 운송 분야에서 로봇 공학의 이점 중 일부는 다음과 같다.

① 안전성 향상

로봇은 인간보다 더 안전하고 효율적으로 작업을 수행할 수 있어 운송 산업에서 사고와 부상의 위험을 줄일 수 있다.

② 효율성 향상

로봇은 인간보다 작업을 더 빠르고 정확하게 수행할 수 있어 운송 시스템의 효율성이 향상된다.

③ 비용 효율성

로봇은 인건비 절감, 연료 효율성 향상, 유지 관리 비용 최소화를 통해 운송 비용을 절감할 수 있다.

④ 환경 지속 가능성

로봇은 연료 소비와 배출을 줄여 운송의 탄소 배출량을 줄일 수
있다.

• 국내 로봇 산업 실태 및 시사점

세계 시장규모	USD 72.17B(94조 원)	CAGR 14.7%
국내 시장규모	USD 4.2B(5조 6,000억 원)	CAGR 2.5%
한국 시장 점유율	약 5.8%
사업체 수	2,500개 사(2021년), +3%
종사인력	31,387명(2021년)
수출/입	수출: 1조 3,575억 원, +1.5%(2021년) / 수입 : 8,886억 원(2021년)
글로벌 순위	5위

▲ 한국 로봇 산업

로봇 산업 실태 조사에 의한 한국의 로봇 시장 규모는 2021년을
기준으로 5조 6,083억 원으로 전년도 대비 2.5%로 꾸준한 성장세
를 보이고 있다. 이는 전 세계 로봇 시장 약 94조 원 시장의 약
5.8%의 점유율이다. 성장도는 한국의 로봇 시장은 연평균 2.5% 성
장하는 반면 전 세계 로봇 시장은 14.7%로 한국의 로봇 시장 성장
률은 비교적 낮다. 국내 로봇 산업 실태는 사업체들, 종사인력, 수
출액 방면에서 모두 증가하고 있는 추세이다. 가장 많은 성장률을
보이는 분야는 앞으로 가장 큰 성장률이 예상되는 로봇 분야인 '개

인 서비스용 로봇'이다. 한국의 로봇 산업 관련 사업체 수 2,500개 사 중 '개인 서비스용 로봇' 분야가 전체에서 27.5%를 차지하며 가장 많고 로봇 국내 종사인력에서도 총 인력 31,387명(2021년) 중 개인 서비스용 로봇 관련 종사인력이 2020년 대비 19.7%나 증가하며 가장 높은 성장률을 보였다.

산업연구원의 '제조용 로봇 산업 가치사슬 경쟁우위 종합진단 결과'에 의하면 한국의 로봇 산업 순위는 100점 중 73.8점으로 종합 5위를 기록했다. 이는 제조용 로봇 산업의 가치사슬 R&D 설계, 수요, 조달, AM/서비스, 생산 5 단계들을 심층 분석하여 나온 점수이다. 아직까지 우리나라는 일본, 독일과 같은 선도국 대비 취약한 면이 많다. 조달, 수요 부문에서 경쟁력이 약하기 때문에 해당 분야에 대한 정책적 지원 및 육성을 위한 역량 집중이 필요하다. 특히 우리가 주목해야 할 나라는 중국이다. 최근까지만 해도 로봇 종합 경쟁력 면에서 열세로 평가되고 있지만, 조달과 수요 면에서 우리보다 앞서고 있다. 중국은 '중국제조 2025'를 통해 로봇 산업을 전폭 지원하고 있다. 거의 우리나라 수준에 도달했고 일정 부분에서는 우리보다 우위다.

반면 우리나라는 로봇 밀도 부문에서 1위인 것처럼 제조 중심의 산업 성장 구조에 의해 제조별 활용 분야가 높다고 할 수 있다. 세계 최고 수준의 IT 인프라를 보유한 것도 강점이다. 그러나 약점이 강점보다 우세하다는 평가다. 우리나라는 모토, 감속기 등 수입 의존도가 높다. 글로벌 시장에서의 우리나라 제품 인지도가 낮고, 내수가 협소하다는 취약점도 상존한다. 전반적인 기업 규모와 업력도 약점이다. 중소기업 위주의 산업구조도 성장에 걸림돌이 되고 있다.

한국의 로봇 산업 개선을 위해서는 R&D 단계별 집중투자, 연구개발, 제품 실증, 보급 등 전 주기적 R&D 투자 관리와 핵심부품에 대한 수입 의존도를 낮추고, 부품 안정 수급 공급망 확보가 필요하다. 다음으로는 내수 시장 한계를 극복하기 위해 경쟁 우위, 기술 및 제품 기반으로 해외 시장 진출 방안을 모색하고 중소기업 중심의 기업 생태계 극복을 위해 로봇 전문 기업 육성을 통한 공급 역량을 강화해야 한다. 따라서 수요 중심의 R&D, 시장 진입을 고려한 상용화 개발, 수요처와 공급 기업 중심의 검증과 실증, 보급 확산 등을 단계별로 지원하는 정책이 필요하다.

3. 드론

드론이란 무인항공기(無人航空機, unmanned aerial vehicle, UAV) 또는 무인기, 통칭 드론(drone)으로 지상에 있는 파일럿(drone pilot) 이 무선 조종하는 방식으로 사전에 프로그램된 경로에 따라 자동 또는 반자동으로 날아가는 항공기다. 드론은 외딴 지역에 물품과 의료 용품을 배달하고, 인프라를 검사하고, 교통 상황을 모니터링하는 등 다양한 운송 응용 분야에 사용할 수 있고 특히 기존 운송이 불가능한 지역에서 운송 비용을 크게 절감하고 안전성을 향상시키며 효율성을 높일 수 있다.

세계 드론 산업은 2026년까지 연평균 29% 급성장이 예상되며 글로벌 항공 산업 전체(연평균 4~5%)에서도 가장 빠른 성장을 전망하고 있다. 현재 세계 상업용 시장에서 중국의 DJI가 세계 시장의 70%를 차지, 절대적 지위를 차지하고 있다. 하지만 전체 드론 시장에서 드론 제조 분야는 14.8% 비중을 차지하고 있으며 51.7%는 드론을 활용한 다양한 사업 서비스 영역이다(농약 방제, 항공 촬영 등 단순 업무뿐만 아니라 스마트 농수산업, 국토 정밀 관리, 원격 통신 관측, 스마트시티 등).

특히 최근에는 저가나 단순 촬영용에서 임무 수행을 위한 고가·주형 중심으로 변화 중이며 드론 택배, 드론 택시, 성층권 무인기 등 새로운 산업용 시장까지 형성될 경우 성장속도는 더욱 가속화될 전망이다. 드론은 교통 분야뿐만 아니라 송전탑, 저탄장, 태양광, 풍력 발전시설, 송유관 등 에너지 시설 점검, 실시간 산불 감시, 적조 모니터링, 기상 예보 등 분야에서도 큰 역할을 할 것으로 전망되고 있다.

군수용 드론은 다양한 국가의 회사가 활동 중이다. 전체 드론 제조사는 총 49개국으로 대부분 국가가 산업용 드론이 아닌 군사용 드론을 제작하고 있다. 특히 전체 드론 제작 회사 274개 중 미국 제조사는 47개로 전체의 19%를 차지하며, 이들 업체 대부분은 전통 군수업체를 기반으로 군수 시장에서 우위를 보이고 있다.

민수용 시장 역시 큰 변화가 진행 중이다. 민수 무인기 분야는 현재까지 일반 소비자용 소형 드론이 시장 대다수를 차지하였으나 상업용 시장을 중심으로 성장이 지속될 것으로 전망되며, 금액 기준으로 향후 10년간 상업용 무인기는 연평균 약 36.8% 성장할 것으로 기대된다.

드론은 항공 · ICT · SW · 센서 등 첨단 기술 융합 산업으로, 4차 산업 혁명시대 신기술이 서로 어우러져 혁신하는 플랫폼으로서 드론과 신기술 간 융합을 통해 기존 산업에 새로운 부가가치를 창출할 수 있을 것으로 보인다.

• 국내 드론 산업 실태 및 시사점

한국의 드론 시장 규모는 국내 드론 업체 4,994개 사 기준 총 매출액 8,406억 원으로 추정되며 이는 2020년 4,943억 원 대비 1.7배 성장한 규모이다. 국내 드론 시장 규모는 전 세계 드론 시장 USD

세계 시장규모	USD 23B(30조 5,662억 원) ǀ CAGR 13.8%
국내 시장규모	USD 631M(8,406억 원) ǀ CAGR 1.7%
한국 시장 점유율	약 2.8%
사업체 수	4,994사(2021년)
종사인력	16,753명(2021년)
수출/입	수출: 15억 원(2021년) / 수입 : 570억 원(2021년)
글로벌 순위	12위

▲ 한국 드론 산업

23B (한화 약 30조 5,622억 원)의 2.8%의 시장 점유율을 차지하며 세계 드론 시장 연평균 성장률 13.8%에 비해 연평균 2.8%로 매우 더디게 성장하고 있다. 한국 드론 산업의 문제점으로 꼽히는 점은 드론 핵심 부품들이 수입에 의존하고 있다는 점이다. 국내 등록된 드론의 누적 대수는 총 3만 1,314대로 이 중 외산 드론은 35%나 차지하며 한국 드론 수출액은 15억 원인데 반해 수입은 570억 원이다. 또한 실제 국회예산정책처가 산업부의 드론 산업 관련 산업통상자원부의 예산 지원액을 분석한 결과 2021년 265.8억 원에서 2022년 247.7억 원으로 오히려 정부의 예산 지원이 감소한 것으로 나타나며 전문가들은 드론이 미래 핵심산업으로 급부상하고 있지만 정부의 예산 지원은 턱없이 부족하다며 우리나라도 전 세계 시장에서 경쟁력을 갖추기 위해서는 핵심부품 국산화를 비롯해 드론산업 육성을 위한 전략적 투자가 필요하다고 말했다(중소벤처기업부, 구자근 의원). 반면 미국과 중국은 드론 기술 개발 경쟁 분야에서 서로 주도권을

놓고 경쟁하고 있다. 미국은 군사용 드론을 개발하고 중국은 상용 용도의 드론을 개발하며 양국이 주도적인 입지를 갖고 있다.

하지만 한국은 중국산에 점령 당할 위기에 놓여 있다. 이에 대한 대책으로 정부는 2025년까지 국가대표 드론 기업 2개와 유망기업 20개를 육성하는 '드론 산업 육성정책 2.0'을 발표했고 결과적으로 한국의 드론 산업은 민간과 정부의 노력에 힘입어 2016년 704억 원 규모에서 2020년 4,595억 원으로 6.5배나 성장했지만 빠르게 성장하는 국내 드론 산업 규모에도 불구하고 공공분야의 국산 드론 활용 비율은 50%에 미치지 못하고 있는 실정이다. 또한 한국을 대표하는 기업이 아직 없다 보니 공공 분야 드론 시장의 상당 부분을 완전 중국산이거나 중국산 부품을 단순 조립한 '무늬만 국산'인 제품이 점유하고 있다.

전문가들은 한국의 드론 시장이 성장하기 위해서는 공공 특화 고기능 드론으로 선순환 생태계를 구축해야 한다고 입을 모으고 있다. 드론 업계에선 실효성 있는 산업 육성을 위해 공공기관 수요에 특화된 드론을 개발, 수출까지 이어지는 통합 지원책이 필요하다는 것이다. 공공이 수요별 특화된 고기능 무인기로 국내 시장을 열고 이에 맞춘 무인기 기술 개발을 지원, 시장이 더욱 커지는 선순환 구조로 바꿔야 한다는 것이다. 한정된 시장 규모를 생각하면 정부 납품으로 쌓은 기술과 실적을 바탕으로 해외 진출 연계까지 지원해야 경쟁력 있는 국내 드론 기업을 육성할 수 있다.

Chapter **2**

부 품

다음으로 살펴볼 MoT(사물이동성) 산업은 부품 분야로 사물이동성 완제품을 만들기 위해 꼭 필요한 부품 산업이다. 첫 번째로 볼 부품은 사물이동성 제품이 스스로 주행할 수 있도록 해주는 'ADAS 센서' 산업이고 두 번째 부품 산업은 '반도체'이다.

1. ADAS 센서

자율주행 ADAS(Advanced Driver Assistance System: 첨단 운전자 지원 시스템) 센서는 현재 MoT 산업에서 가장 주목받고 있는 부분 중 하나이다. 운전자의 눈을 대신해 줄 '눈'이 되는 ADAS 센서는 차량의 프런트 및 사이드, 리어에 장착된 센서 디바이스를 통해 주변 상황을 감지

함으로써 사고를 예방하는 시스템으로 ADAS 기술이 발전되면서 차량에 탑재된 센서, 고정밀도 지도, 통신 기능 등에 의해 드라이버를 대신해 시스템이 운전의 주도권을 가지는 자율주행 시스템으로 발전해 가고 있으며, 자율주행의 레벨에 따라 레벨 0에서 5까지 6단계로 정의된다.

Robert Bosch(독일), Continental(독일), Denso(일본), Valeo(프랑스), Aptiv(영국), ZF(독일), Magna(캐나다), 현대모비스(한국) 및 Veoneer(스웨덴) 등 소수의 글로벌 플레이어들이 장악하고 있는 세계 ADAS 시장은 2020년 270억 달러(한화 36조원)에서 CAGR 11.9%로 성장하여 2030년 830억 달러에 이를 것으로 전망된다(MarketsandMarkets, ADAS Market 2030 보고서).

• 국내 ADAS 센서 산업 실태 및 시사점

세계 시장규모	USD 23B(30조 5,662억 원)	CAGR 13.8%
국내 시장규모	USD 631M(8,406억 원)	CAGR 1.7%
한국 시장 점유율	약 2.8%
사업체 수	4,994사(2021년)
종사인력	16,753명(2021년)
수출/입	수출: 15억 원(2021년) / 수입: 570억 원(2021년)
글로벌 순위	12위

▲ 한국 ADAS 센서 산업

국내 ADAS 관련 센서 시장은 현대·기아차가 국내 시장 점유율의 70%를 차지하고 있으며 수익 모델을 구축하여 성과를 올리는 국내 ADAS 관련 센서 기업들은 자율주행 레벨 4 PBV(특수 목적 차량)와 라이다 인프라를 공급하는 오토노머스 a2z, 국내 고정형 라이다 선두 기업인 에스오에스랩, 카메라 비전 인식 기반의 ADAS 솔루션을 개발하는 스트라드비전 등 약 11개 기업들로 추정된다. 한국 ADAS 시장의 성장을 이끄는 요인은 국내 전기차 수요 증가다. 정부는 2030년 말까지 탄소 배출량을 37% 줄이는 것을 목표로 하고 있다. 여기에 국토교통부는 2019년 1월부터 승용차에 자동긴급제동장치(AEB)와 차선이탈 경고 장치(LDW)를 의무화했다. 따라서, 첨단 자동차에 적용되는 ADAS 기술의 적용이 더 활발해질 것으로 예상된다.

국내 ADAS 관련 센서 종사 인력은 약 46,911명으로 추산되며 ADAS 센서 수출/수입 현황은(HS Code 903190: 자동차 센서를 포함한 품목 '계측기, 기기 및 기계 기타 측정 또는 검사용 부품') 수출(2023년, USD 4억 3,000만)보다 수입(USD 4억 8,000만) 규모가 약 USD 5,000만 더 높으며 수출은 전년에 비해 -4.1%로 감소하고 있지만 수입률은 20.1%로 증가하며 한국의 ADAS 센서 시장은 외부 시장 의존성이 큰 산업이다.

MarketsandMarkets의 ADAS Market 2030 보고서에 의하면 1위에서 5위까지의 기업은 1위 Bosch(독일), 2위 Continental(독일),

3위 ZF Friedrichshafen(독일), 4위 Denso(일본), 그리고 5위는 영국의 기업 Aptive로 꼽았다. 이처럼 ADAS 시장에서 한국의 위치는 세계 Top 5에 국가적으로 순위에 들지 못했지만 주요 기업 랭킹으로는 유의미한 업적을 남겼다. 그 중 '현대모비스'는 글로벌 ADAS 시장의 소수의 글로벌 플레이어 중 하나로 국내 최다 자율주행차(약 40대)와 30만km의 최장 운행 기록을 보유하고 있다.

라이다 인프라 구축을 통해 국내 자율주행 버스 시장에 진출한 자율주행 풀스텍 기업인 오토노머스 a2z는 자율주행 스타트업의 빌보드 차트인 매출 규모 7조 원이 넘는 글로벌 컨설팅 기업 가이드 하우스 인사이트의 리더보드에서 2023년 전 세계 13위로 랭크됐다. 대부분이 글로벌 브랜드, 조 단위 기업 가치를 지닌 스타트업이나 그런 기업을 등에 업은 회사들인데, 오토노머스 a2z는 대한민국 기업으로는 유일하게 이름을 올린 것이다. 현대자동차는 2017년에 처음 15위에 랭크됐고 2019년도부터는 앱티브와의 합작법인인 모셔널로 5위까지 치고 올라갔다.

또한 한국은 2024년 7월부터 모든 유럽 신차에 '첨단 운전자 지원 시스템(ADAS)' 장착이 의무화되는 등 자율주행 기술 성장이 가속화되는 가운데 한국이 관련 특허 출원 글로벌 2위를 차지한 것으로 나타났다.

특허청은 주요국 특허청(IP5)에 출원된 특허를 분석한 결과 자율주행 차량 카메라 · 라이다 센서 융합 기술의 특허 출원이 최근 5년 간(2016~2020년) 연평균 33.6%의 증가율을 보이며 크게 증가했다고 밝혔다. 출원인 국적을 보면 미국이 42.3%(338건)로 가장 높은 비율 을 차지했고, 한국은 16.1%(129건)로 2위를 차지했다. 중국 14.4%(115건), 이스라엘 10.9%(87건), 일본 7.6%(61건)이 뒤를 이었다. 출원인 국적별 연평균 증가율은 한국 40.8%, 중국 38.8%, 미국 30.9% 순으로, 한국의 출원 증가율이 주요국 중 가장 가파른 것으 로 나타났다.

2. 반도체

다음으로 살펴볼 두 번째 MoT 부품 분야는 반도체 산업이다. 모 빌리티 산업에서 반도체가 중요한 이유는 전기차와 자율 주행 기능 을 갖춘 미래 모빌리티가 쏟아지면서 차량 한 대당 들어가는 반도 체 수도 기존보다 최대 10배 이상 증가했기 때문이다. 예를 들어 내연기관차에 반도체가 평균 200~300개 들어갔다면 하이브리드차 는 500~700개, 전기차는 1,000개, 자율주행차에는 약 2,000개 이 상 반도체가 필요하다고 본다. 또 자동차의 인포테인먼트(정보+오락), 첨단 운전자 지원 시스템(ADAS), 카메라 등 모든 기능에 반도체가 탑재된 다. 이 때문에 메모리 반도체는 물론 시스템 반도체, 파운드 리(반도체 위탁 생산) 등 전 분야에서 수요가 폭발할 것으로 예상된다.

- 국내 ADAS 센서 산업 실태 및 시사점

세계 시장규모	USD 604B(804조 원) | CAGR 49.3%
국내 시장규모	USD 107B(142조 원) | CAGR 19.3%
한국 시장 점유율	약 18%
사업체 수	1,124사
종사인력	167,794명
수출/입	수출: USD 1,427억(한화 약 190조 원)(2023년) 수입: USD 570억 3,000만(한화 약 76조 원)(2023년)
글로벌 순위	2위

▲ 한국 반도체 산업

한국은 세계적인 반도체 강국이다. 2022년 기준 글로벌 반도체 시장은 USD 6,040억(한화 약 804조 원)으로 이 중 한국의 글로벌 반도체 시장 점유율은 국내 시장규모 142조 원으로 세계 반도체 시장 점유율 18%를 차지하며 2013년 이후 10년간 세계 2위 자리를 지키고 있다. 반도체 사업은 크게 3가지로 나뉘어져 있는데 설계를 전문으로 하는 팹리스 기업(엔비디아, 퀄컴 등), 디램과 낸드의 메모리(삼성, SK Hynix, Micron), 위탁 생산을 하는 파운드리(TSMC, 삼성, Global Foundry 등)가 있는데 우리나라는 메모리의 비중이 가장 크다.

반도체 분야별 한국의 반도체 세계 시장 점유율을 보면 D램이 70.5%, 메모리 반도체가 60.5%, 낸드가 52.6%, 광 개별 소자 7.3%, 시스템 반도체 3.1% 순서로 특히 한국 메모리 반도체는 세계 최고 수준의 기술력을 보유하고 있으며, 경쟁 우위를 지키기 위해 지속적인 연구 개발과 투자에 주안점을 두고 있다. 차량용 반도체 산업만 본다면 시장조사기관 IHS마킷은 2030년 USD 1,100억(약 140조 원) 규모로 차량용 반도체 시장이 성장할 것으로 내다 봤다. 올해를 기준으로 매년 9%의 높은 성장률이다. 반도체 업계 역시 전반적인 반도체 수요 감소에도 자동차 반도체 시장은 긍정적으로 보고 있다. 반도체산업협회의 인력수급 조 사에 따르면 2018년 기준 국내 반도체 기업은 1,124개 기준 167,794명이 종사하고 있는 것으로 파악된다.

한국의 가장 큰 수출국은 중국이 1위(USD 75,808백만), 베트남이 2위(USD 16,273백만), 미국이 3위(USD 13,626백만)로 총 수출액 약 USD 1,427억(한화 약 190조 원)이다. 반면 대한민국 반도체 수입액은 약 USD 570억 3,000만(한화 약 76조 원)으로 중국(31.2%), 대만(20.4%), 일본(13.6%) 순으로 수입하고 있다. 시스템 반도체가 총 반도체 수입의 39.1%, 메모리 반도체가 31.7%를 차지하여 두 품목이 70.8%를 차지한다.

매출액으로 알아본 한국의 반도체 세계 영향력은 한국의 압도적인 '메모리 반도체'로 인하여 전 세계 2위를 기록했다. 메모리 반도체 생산에 집중한 삼성전자와 SK하이닉스 덕에 세계 2위 자리를 꿰차며 전체 반도체 시장 점유율의 18%에 달한다. 파운드리 강국인 대만은 한국에 이은 3위를 기록했으며 1위는 칩 설계 강국인 미국이 차지했다.

국가별 종합으로 보면 2위를 기록했지만 개별 기업으로만 따져보면 전 세계 매출 1위는 한국의 삼성전자이다. 삼성전자는 지난해 매출 USD 732억(약 89조 8,500억 원)을 기록해 인텔(USD 725억)을 누르고 1위에 다시 올랐다. 삼성전자 매출은 전년 대비 28% 증가했고, 인텔 매출은 같은 기간 0.3% 감소했다.

한국은 메모리 반도체 생산에 국한된 반도체 산업의 약점을 극복하기 위해 칩 설계와 반도체 생산의 필수 재료인 웨이퍼 팹 분야에서 입지를 다지려고 노력 중이다.

Chapter **3**

신에너지

다음으로 알아볼 MoT 산업분류는 사물이동성 수단의 에너지원이 되는 에너지 부분이다. 「신에너지 및 재생에너지 개발·이용·보급 촉진법」제2조에 의한 신재생에너지란 국내·외에서 생산된 신·재생에너지 연료/설비를 이용하여 최종 에너지(전력, 온수, 연료 등)를 생산/소비하는 에너지원으로 정의되며, 신에너지와 재생에너지로 구분한다. 신재생에너지는 기존의 화석연료를 변환시켜 이용하거나 수소·산소 등의 화학 반응을 통해 전기 또는 열을 이용하는 에너지로서 수소 에너지, 연료 전지, 석탄을 액화·가스화한 에너지 및 석탄(중질잔사유)을 가스화한 에너지(IGCC) 등이 해당한다.

종류	설명
신에너지	수소, 연료전지, 석탄가스화 액화
재생에너지	태양열, 태양광, 풍력, 바이오, 수력, 지열, 해양, 폐기물

▲ 신재생에너지 종류

그중에서도 MoT 산업에서 주목받고 있는 신에너지원의 종류인 2차 전지 산업에 대해 알아보겠다.

1. 2차 전지

다양한 전자제품에 빠지지 않고 들어가는 2차 전지는 2050 탄소 중립의 대두로 친환경 에너지 사용이 강조되면서 탄소를 배출하지 않는 친환경 에너지를 구현할 수 있는 핵심 부품으로 주목받기 시작했다. 특히 전기차에 들어가는 2차 전지는 이미 큰 시장이었던 자동차 시장에 전동화 바람이 불면서 글로벌 경제 패권 경쟁의 가장 큰 무기가 될 만큼 중요한 전략 산업으로 자리잡았다.

그러나 고금리에 따른 경기 침체와 높은 전기차 가격, 보조금 감축, 충전 인프라 부족 등으로 전기차 구매에 대한 소비 심리가 크게 위축하여 전기차 시장은 2022년 60%의 성장률을 보였으나 지난해는 30%, 올해에는 20%를 기록할 전망으로, 내년까지 수요 회복이 어려울 것이란 우려도 나오고 있다.

2차 전지 산업에 닥친 또 다른 어려움은 바로 리튬 가격의 하락이다. 한국 자원정보서비스에 따르면 2023년 12월 기준 탄산리튬 가격은 1kg당 90.5위안(한화 약 1만 6,220원)으로 1년 전과 비교하면 약 85% 급락했다.

전문가들은 리튬 가격 급락 원인으로 중국의 공급 과잉과 전기차 수요 둔화를 꼽았다. 지난해 리튬 가격이 폭등하자 중국, 칠레, 아르헨티나, 호주 등 리튬 생산 국가에서 광물 생산을 늘렸는데, 반대로 전기차 인기는 수그러들면서 리튬 재고가 쌓이게 된 것이다.

이러한 상황이지만 2차 전지 산업 관계자들은 최근의 부진이 빠른 기간 가파르게 성장한 데 대한 성장통일 뿐, 친환경 정책 기조로 인해 전기차 전환을 통한 탄소중립은 전 세계의 의무이기 때문에 내연기관차 시대로의 회귀는 불가능한 얘기라 흔들림이 없을 것이라는 입장이다. SNE리서치는 오는 2030년, 전기차 판매량이 3배 가까이 증가해 약 5,000만 대에 이를 것이라고 예상했고 2030년 전기차 침투율이 50%를 초과, 이에 따라 2차 전지 수요 역시 급속도로 성장할 것으로 예측했다.

2023년 약 969GWh의 2차 전지 수요가 오는 2030년에는 4배 가까이 증가해 약 3,582GWh로 늘어날 전망이고 이 중 전기차용 2차 전지 수요는 3,582GWh의 90%에 가까운 3,000GWh가량이다. 아울러 2035년 글로벌 전기차 예상 판매대수는 약 8천만 대, 침투율은 90%에 달할 것으로 전망된다. 이에 따라 전기차용 이가차 전지 수요도 2023년 687GWh에서 5.3TWh(테라와트시)까지 성장할 것이란 예측이다. 이를 시장 규모로 환산하면 6,160억 달러(한화 약 815조 원), 지난해 시장 규모인 1,210억 달러(전망치)의 약 5배 수준이다.

• 국내 2차 전지 산업 실태 및 시사점

세계 시장규모	USD 121B(161조 원) ｜ CAGR 15.8%
국내 시장규모	USD 17B(23조 3,000억 원) ｜ CAGR 20%
한국 시장 점유율	약 14.3%
사업체 수	선도기업: LG에너지솔루션, SK온, 삼성SDI, 그 외 156개 사
종사인력	배터리 3사 기준 21,722명
수출/입	전기차 기준 수출: USD 700억(약 94조 원), +112.2%(2021년) 수입: USD 46억 3,000만(약 6조2460억 원)(2023년)
글로벌 순위	매출액 기준 LG 2위, SK온 4위, 삼성 5위

▲ 한국 2차 전지 산업

SNE리서치에 따르면 팩 기준 2차 전지 글로벌 시장 규모는 2023년 기준 USD 121B(약 161조 원), 연평균 15.8%로 성장하고 있으며 2030년이면 USD 4천 1억(약 351조 원)으로 가파른 성장세가 예상된다고 한다. 국내 2차 전지 산업 같은 경우 시장 규모는 23조 3,000억 원으로 연평균 20%로 성장하고 있으며 한국의 2차 전지 산업은 LG에너지솔루션, SK온, 삼성SDI 3사가 국내 시장 점유율 각각 29.3%, 15.2%, 9.5%를 차지하며 합쳐서 총 54%의 시장을 점유하고 있다. 반면 세계 2차 전지 시장에서는 LG에너지솔루션이 14%, 삼성SDI 가 5%, SK온이 7%으로 세계 배터리 시장의 25.8%를 차지하며 세계 시장 점유율 중국 56%에 이어 2위이다. 중국 업체는 점유율은 높지만 주로 중국 내수용으로 많이 쓰이고 있으며 세계 시장 점유율 10%에 달하는 일본의 파나소닉은 테슬라와 제휴한 대량납품 물량이 대부분이다. 나머지 시장의 범용 배터리는 한국 업체가 대부분 공급하고 있다.

이처럼 K 배터리는 LG에너지솔루션, SK온, 삼성SDI가 국내외 안팎에서 시장을 선도하고 있다. 그리고 이 3사 외에 니켈 카드뮴, 리튬 이온 등 여러 가지 전극 재료와 전해질의 조합인 2차 전지의 생산업체, 2차 전지의 부품 및 2차 전지의 생산설비 제조업체도 포함한 2차 전지 국내 기업들은 Roa 인텔리전스에 등록된 156개의 기업들이 있다. 국내 배터리 3사의 직원 수로 본 국내 2차 전지 종사인력은 2022년 기준 총 21,722명이다. 배터리 3사의 임직원 수만 1년 새 1,500명 이상 늘어나며 지난 3년간 배터리 3사의 인력은 꾸준히 늘었다. 배터리 시장이 신성장 동력으로 부상하는 가운데 이러한 추세는 지속될 전망이다.

국내 배터리 3사는 전기차 시장의 폭발적인 성장으로 매년 큰 폭으로 개선된 수출 성적표를 들고 왔다. 전기차 시장은 2021년 1,600만대 규모에 이어 2030년에는 2,700만 대로 전체 자동차 시장에서 약 30%의 비중을 차지할 것으로 점쳐지고 있다. 특히 전기차 수출은 세계적으로 2020년 대비 142.8% 급증한 가운데, 한국의 수출액은 2021년에 USD 700억(약 94조 원)으로 전년 대비 112.2% 대폭 성장했다. 이에 국내 배터리 3사의 세계 시장 점유율은 25.8%에 이르렀다. 다만, 중국계 배터리 업체의 세계 시장 점유율은 56.4%(CATL, 비야디)에 달하며 국내 배터리 3사에 큰 부담으로 작용하고 있다.

반면 한국이 2023년 세계에서 수입한 전기차 배터리는 USD 46억 3,000만(약 6조 2,460억 원) 규모였으며 이 가운데 중국산이 97%나 차지했다. 같은 기간 한국이 중국에 수출한 전기차 배터리 수출액은 USD 6,600만(약 890억 원)으로 작년의 절반 수준을 나타냈다. 이로 인해 한국은 올해 전기차 배터리 품목에서 6조 원에 육박하는 대중무역 적자를 본 것으로 나타났다.

매출액으로 본 세계 전기차 배터리 시장 점유율은 국내 배터리 3사가 모두 순위에 올랐다. LG에너지솔루션이 2위, SK온과 삼성SDI가 각각 4위와 5위에 올랐다. 중국의 CATL과 BYD는 각각 1위와 3위를 차지했다. 출하량 기준 LG에너지솔루션(16.5%)은 2위, SK온(7.0%) 4위, 삼성SDI(5.1%) 5위였다. 하지만 3개 업체 점유율을 합쳐도 28.6%로 CATL에 못 미친다.

한국의 2차 전지 산업은 순항중이면서도 많은 위협 요소들이 존재하는 것으로 보인다. 중국의 대량생산에 따른 저렴한 가격과 기술에 맞서서 기술력의 차별화로 경쟁력을 강화해야 한다. 가장 큰 허들인 '인재난'을 해외인재 영입 등의 다양한 방법들로 인재 양성을 해야 하고 미래 모빌리티의 가장 큰 추세인 MaaS의 시대에 발맞춰 차량 소유의 시대가 아닌 자율주행 모빌리티의 공유의 시대가 오는 만큼 한계적인 수요가 예상되기에 양보다는 지속가능한 기술력과 안전성에 집중하는 등 질의 개선에 집중하는 것이 관건으로 보인다.

2. 수소

신에너지 중 탄소중립의 핵심이 되는 미래의 새로운 에너지원으로 주목받고 있는 에너지원은 수소 에너지이다. 수소 에너지란 물, 유기물 화석연료 등의 화합물 형태로 존재하는 수소를 분리, 생산해서 이용하는 에너지원으로써 연소시켜도 산소와 결합하여 다시 물로 환원되기 때문에 배기가스로 인한 환경오염이 없어 미래 에너지 자원으로 주목받고 있다. IEA 전망에 따르면 2030년 수소 수요는 약 1억 5,000만 톤으로 늘어나고 이 중 40%가 정유 부문이나 전통 수소 활용 부문이 아닌 수송 부문이나 전력 부문 등 신규 부문에서 청정수소가 공급될 것으로 전망했고 2050년이면 약 1조 달러로 성장할 전망이다.

수소도 다 같은 수소가 아니라 어떻게 수소를 생산하느냐에 따라 수소의 종류가 나뉘게 된다. 수소의 종류는 그레이 수소, 블루 수소, 그린 수소로 크게 3가지로 나누어질 수 있는데 우리나라는 단가의 문제로 현재로서는 그레이 수소가 수소 생산 비중의 96%를 차지하고 있다. 단기적인 방안으로는 블루 수소 확대를 위해 이산화탄소 포집 및 저장 기술 고도화와 포집 비용을 낮추는 연구개발이 진행되고 있다. 그러나 최종적으로는 이산화탄소를 배출하지 않는 그린 수소 사용이 주가 되는 목표로 장기적인 신재생에너지 발전 기술 개발의 노력이 기울여지고 있다. 이번 장에서는 수소 중에서도 그린 수소 시장 현황을 알아보도록 하겠다.

- 국내 수소 산업 실태 및 시사점

	전체	자동차용 인공지능
세계 시장규모	USD 222B(286조 원), CAGR 58%	USD 3억 2,900만(한화 약 3,400억 원), CAGR 58%
국내 시장규모	USD 8.3M(11조 원) | CAGR 21%	초기단계
한국 시장 점유율	약 3.8%	-
사업체 수	74개 사	
종사인력	30,755명	
수출입	수소차 기준 수출: 266대 수입: 없음	
글로벌 순위	86% / 100%	

▲ 한국 수소 산업

먼저 모든 수소 분야를 포함한 시장의 규모는 2021년 기준 수소 분야 국내 매출액은 약 11조 원으로 연평균 21%로 성장하고 있다. 한국의 수소 시장은 연평균 58%로 성장하고 있는 전 세계 수소 시장 USD 222B(286조 원)의 약 3.8%를 차지한다.

수소분야 투자액은 총 6조 3,603억 원으로 측정되었지만 국내 주요 기업들이 수소 산업에 적극적으로 투자하면서 2023년 6월 기준 투자액이 50조 원을 훌쩍 넘겼다. 가장 적극적인 곳은 SK다. SK그룹은 총 18조 5,000억 원을 투자해 SK E&S를 중심으로 수소 생산·유통·소비에 이르는 전 과정에 걸쳐 가치사슬을 구축한다는 계획이다. 우선 2026년까지 수소 공급 능력을 연 28만 톤까지 끌어올린다는 목표를 세웠다. 이를 위해 연말까지 SK인천석유화학단지에 연 3만 톤 규모의 액화수소 공장을 완공하고 2026년까지 보령 LNG 터미널 인근 지역에서 블루 수소를 연간 25만 톤 생산할 예정이다.

'그린 수소' 시장만 따져본다면 세계 그린 수소의 생산은 2020년 기준 7만 톤에서 2026년에는 172만 3,000톤으로 생산량이 크게 증가할 것으로 예측되며, 이에 따른 세계 그린 수소 시장 규모는 2020년 USD 3억 2,900만(한화 약 3,400억 원)에서 연평균 58% 성장하여 2026년에는 USD 43억 7,330만(한화 약 4조 8,500억 원) 규모가 될 것으로 전망된다. 시간이 지남에 따라 재생에너지의 가격이 하락하여 그린 수소의 가격은 2020년 1kg당 USD 4.6~4.9에서 2026년에는 1kg당 USD 2.5~2.9로 하락할 것으로 전망된다.

국내에서 소량이나마 그린 수소를 생산한 첫 사례는 2020년 12월 제주 상명풍력단지 내 잉여 에너지를 활용하는 500kW급 규모의 그린 수소 생산단지에서 나왔다. 정부는 그린 수소의 상용화를 1MW급(울산), 2MW급(동해), 3MW급(제주), 10MW급(예정) 등의 수전해 실증사업들을 통해 단계적으로 추진해 오고 있다. 이외에도 한화솔루션이 강원도 내 풍력발전을 통한 그린 수소 생산 프로젝트를 추진 중이며, 현대중공업은 2025년까지 동해 부유식 풍력단지에 100MW급 그린 수소 실증 설비를 구축하는 사업을 추진하는 것을 비롯해 국내 다수 기업이 그린 수소 산업 분야에 뛰어들고 있다.

정부에서는 그린 수소를 2030년 25만 톤, 2050년 300만 톤을 국내에서 생산하고, 국내 자본·기술을 활용한 해외 재생에너지-수소 생산 프로젝트를 추진해 2050년 40개의 수소 공급망을 확보해 그린 수소 자급률을 높이는 제1차 수소 경제 이행 기본 계획('21.11.26)을 발표하였다. 이렇듯 국내 수소 산업 시장은 이제 막 투자가 시작되고 산업이 활성화가 되는 시점에 있다.

수소 경제 종합 정보 포털에 의하면 2023년 11월 기준 국내 수소 전문 기업은 총 74개로 국내 수소 종사인력은(수소융합얼라이언스) 총

30,755명으로 추산된다. 수출입 현황은 현재 우리나라는 수소 생산을 위한 다양한 기술과 인프라를 개발 중에 있으며 국내외에서 수소 경제를 구축하기 위한 다양한 정책과 투자가 이루어지고 있는 단계이기 때문에 '수소차 산업' 사업 부문에서만 수출이 발생하고 있다. 산업통상자원부에 의하면 2023년 10월 기준 한국의 수소차 수출 현황은 266대로 보고되고 있다.

비록 적은 수출 규모처럼 보이지만 누적된 수소차 수출 수를 보면 지난 몇 년간 한국 자동차 기업이 세계 수소차 시장을 석권하고 있다. 현대자동차는 2021년 기준 1,000대가 넘는 수소차를 수출했다. 한국 기업들은 내수 물량까지 합해 지난 10월까지 8,000대 가까운 수소차를 판매하며 점유율 58%로 세계 1위를 차지했다.

산업부에 따르면 2021년 1~11월 같은 기간 수소차 수출 대수는 1,026대로 전년대비 12.3% 늘었다. 수소·전기차 등 미래차는 한국 전체 자동차 수출 중 7.3%를 차지하고 있다. 같은 기간 토요타는 수소차 5,505대를 판매하며 시장 점유율 40.3%를 기록했다. 혼다는 221대(점유율 1.6%), 다임러는 3대를 판매했다. 수입 부분에서는 우리나라는 장기적으로 수소를 수입해 써야 하는 수입 의존국이 될 가능성이 크다. 정부의 탄소중립 시나리오만 봐도 2050년 국내 수소 수요는 약 3,000만 톤에 이르나 이 중 80% 수준인 2,200만 ~2,400만 톤을 해외 수입 수소로 공급해야 할 전망이다.

무엇보다 현재 국내에서 생산되는 수소는 화석연료 등을 이용, 생산 시 이산화탄소가 발생하는 '그레이 수소'가 대부분으로 친환경이 아니다 보니 탄소중립을 위해서는 탄소 발생이 적거나 없는 블루 수소나 그린 수소를 생산해야 하지만, 재생에너지 기반이 약한 태생적 한계를 넘기는 쉽지 않다.

한국과 환경이 비슷한 일본은 호주와 사우디 등 블루·그린 수소 프로젝트에 참여해 실증 단계에 접어들며 수소 수입에 근접하기도 했다. 이와 함께 수소의 생산이나 저장, 활용 등에 대한 기초 연구도 초기 수준에 불과해 상용화까지는 갈 길이 멀다는 지적이다.

한국과학기술기획평가원(KISTEP, 2018)에 따르면 국내 신·재생에너지 분야 기술 수준은 86%(최고 기술 100%) 수준으로 선진국(유럽, 미국, 일본)과는 10% 내외 기술 격차가 존재한다고 밝혔다.

이처럼 한국의 수소차 산업을 보면 세계 시장 점유율 58%로 수소를 활용하는 부문에서는 선두를 달리고 있지만 탄소중립을 위한 '그린 수소'를 생산하는 부분에서는 기초 연구 단계여서 수입에 80%나 의존해야 하는 상황이다. 정부는 수소차와 연료전지 활용 분야에만 정책이나 지원을 집중할 것이 아니라 일본처럼 해외 그린 수소 사이트 발굴 프로젝트 등 중장기적으로 해외 수소 도입을 준비하는 안정적인 공급체계를 마련하여 가시적인 성과를 내야 한다. 또한 본격적인 수소경제 시대가 도래하기 전에 국가적 차원의 연구 개발(R&D)과 인력 육성 등이 필요하다.

Chapter **4**

인프라

인프라란 영어 infrastructure의 줄임말로 사전적 의미로는 사회적 생산기반을 뜻하며 경제활동의 기반을 형성하는 기초적인 시설을 말한다. MoT 산업에서의 인프라는 사물이동성 운송수단 및 물체들이 실질적으로 서로 교통하고 원활하게 운영될 수 있는 물리적인 환경인 '스마트시티'로 정의될 수 있다.

1. 스마트시티

스마트시티란 도시의 경쟁력과 삶의 질의 향상을 위하여 건설, 정보통신 기술 등을 융·복합하여 건설된 도시 기반 기설을 바탕으로 다양한 도시서비스를 제공하는 지속가능한 도시를 칭한다(스마트

도시 조성 및 산업진흥 등에 관한 법률 제2조 제1항). MoT 산업에서의 스마트 시티는 지금까지 알아본 자율주행차, 로봇, 드론, ADAS 센서, 반도체, 인공지능, 사물인터넷, 정보통신, 2차 전지, 수소의 10개의 산업들은 결국 스마트시티라는 시설 안에 운영되는 기술들이다.

- 국내 스마트시티 산업 실태 및 시사점

세계 시장규모	USD 678B(902.3조 원) ｜ CAGR 20.6%
국내 시장규모	USD 113.5B(151조 원) ｜ CAGR 29.3%
한국 시장 점유율	약 16.7%
사업체 수	675개 사
종사인력	혁신 인재 육성을 통한 7,359명의 전문 인력
수출입	수출: 21개국에 54개 협력 사업 진행 / 수입: 없음
글로벌 순위	1위

▲ 한국 스마트시티 산업

한국의 경우 스마트시티는 U-CITY(유비쿼터스 도시)라는 이름으로 시작되었다. U-CITY 사업은 2,000년대 초반 화성 동탄, 파주 운정, 대전 도안, 인천 송도 등 신도시를 중심으로 공공 주도로 시작되었고, 유비쿼터스 도시를 효율적으로 건설하고 관리하기 위해 2008년 「유비쿼터스 도시의 건설 등에 관한 법률」이 제정되었다. 하지만 오늘날 스마트시티의 개념은 더 이상 공공주도 신도시개발 사업이 아니다. 신도시뿐만 아니라 기존 도시도 효율적으로 관리하고 개선하기 위한 핵심 수단이자 모든 도시가 지향하는 공통 목표가 되었다.

그리고 공공은 민간이 지속적으로 발전하고 새로운 기술들이 안착하여 도시가 발전할 수 있도록 다양한 정책을 지원하는 역할을 하고 있다.

한국과학기술정보연구원(KISTI) Market Report에 의하면 국내 스마트시티 시장 규모는 2021년 기준 약 151조 원으로 2017년 대비 약 2배 성장했으며 이는 전 세계 스마트시티 시장 USD 678B(902.3조 원)의 약 16.7%를 차지하는 것으로 분석되었다. 한국의 스마트시티 산업은 글로벌 스마트시티 시장 연평균 성장률 20.6%보다 더 빠른 성장세인 29.3%로 성장하고 있다.

국내 스마트 솔루션 관련 기업은 총 675개의 기업들이 있으며 정부는 스마트시티 전문 인력 양성을 통하여 7,359명의 전문 인력(석박사 3,989, 취업자 672, 재직자 2,698)을 양성했으며 건설 · 교통 · IT · 에너지 · 환경 등 U-City 교육생의 유관 분야 취업률도 82.8%로 높은 수준을 달성했다.

한국의 스마트시티 수출입 현황을 보면 한국은 지난 20년 이상의 신도시 개발경험과 초고속 정보통신망, 도시 통합 운영센터 등의 ICT 인프라가 세계적 수준이며, 스마트시티 분야에서 글로벌 경쟁력을 확보하고 있다. 한국 정부는 다양한 해외 발주 프로젝트를 실시하여 한국에서 개발된 스마트시티 기술을 해외 도시에 직접 적용

·실증함으로 한국의 우수 솔루션 해외 확산 기반 마련과 글로벌 협력사업 기회를 적극 창출하며 그간 21개국에 54개의 협력사업들을 진행해 왔다. 대표적인 예로는 아부다비 스마트시티 항공도시(New Aviation City), 요르단 암만시 전력망 안정화를 위한 스마트 계량기와 배터리 도입, LH+쿠웨이트 압둘라 등이 있다. 국내 스마트 솔루션 관련 기업 총 675개(2019년 5월 기준) 중 이를 해외로 수출하는 기업은 50.15%인 338개 기업이다. 수출 현황으로는 전기전자, 에너지, 생활복지, 교통 등 4대 솔루션이 74%를 차지하며 기업당 연평균 수출액은 2016~2018년 관세청에 의하면 30억 원 기준이다. 연 100억 원 이상 수출하는 상위 11개 수출비중이 전체 수출의 76%에 달하는 반면 49%(165개 사업체)가 연 수출액 6억 원 미만의 중소 스타트업들이다. 주요 수출국들은 미국(31%), 중국(20%), 홍콩(19%), 신남방국(13%)으로 수출 금액은 미국(USD 5.3억), 중국(USD 3.4억), 홍콩(USD 3.1억), 싱가폴 · 베트남 · 태국 · 인도(USD 2.1억), 일본(USD 1.2억) 순이다. 한 국은 스마트시티 솔루션 주요 수출국이며 현재까지는 수입되는 스마트시티 스마트 솔루션은 없다.

24일 연세대와 영국 케임브리지대가 공동 연구한 <2022 스마트시티 인덱스 보고서>에 따르면 서울시가 전 세계 주요 대도시를 대상으로 조사한 스마트도시 경쟁력에서 서울은 종합 점수 97점을 받아 전 세계 주요 도시 중 1위를 차지했다. 스마트시티 인덱스 보고서는 주요 글로벌 대도시 31곳의 디지털 경쟁력을 종합적으로 분석해 평가해 순위를 매긴다. 시민이 체감하는 디지털 서비스와 지능형 교통체계, 도시 혁신성, 각종 ICT 기반 디지털 프로젝트 등을 산출 지표로 활용된다. 여기에 공공 데이터 개방과 디지털 플랫폼 도입, 4차 산업혁명 기술 활용, 친환경에너지·기후 변화 대응, 도시의 지속 가능성 등도 평가 기준에 포함된다.

서울은 세계 최고 수준의 정보통신기술(ICT) 인프라에 더해 중장기적인 스마트도시 달성 계획에서 가장 높은 잠재력을 확보한 결과라는 분석이다. 특히 지난해 오세훈 서울시장 취임 이후 서울시가 선제적으로 시행하고 있는 '스마트 포용도시' 전략이 글로벌 도시의 롤모델로 자리 잡고 있다는 평가가 나온다.

서울에 이어 스페인 바르셀로나(87점), 네덜란드 암스테르담(75점), 핀란드 헬싱키(73점), 포르투갈 리스본(65점)이 상위권에 이름을 올렸다. 대표적인 글로벌 도시인 미국 뉴욕과 영국 런던은 51점을 기록해 8위를 차지했고 중국 상하이(38점)와 일본 도쿄(18점)은 하위권에 머물렀다. 프랑스 파리는 14점으로 이번 조사에서 29위에 그쳤다. 서울의 면적보다 10배가 크고 인구는 2,400만으로 서울 인구 978만 명의 약 1.5배나 더 많은 상하이보다 서울이 스마트도시 경쟁력 97점으로 세계 1위를 하고 상하이는 38점으로 16위이다. 오히려 서울의 작은 면적이 한국의 세계 최고 수준의 정보통신기술과 지능형 교통체계 그리고 도시 혁신성 마지막으로 서울시의 정책들이 만났을 때 더 효과적으로 스마트 시티의 인프라를 실행시킬 수 있게 하는 이점으로 작용하게 되는 것이다.

맺는말

MoT 시장을 구성하는 11개의 산업들의 시장규모를 분석해 본
결과 MoT 글로벌 쇼 MICE 플랫폼의 최대 잠재 시장 규모는 해외
시장까지 1.6경 원의 규모이다. 그 중 한국 시장만 905조 원의 규
모로 국내 8개의 산업들의 연평균 성장률은 17.5%이며 평균 세계
시장 점유율은 7%이다. 국내 MoT 산업 사업체 수는 총 59,529개
사로 종사인력 약 137만 명을 보유하고 있다. 한국의 MoT 산업들
의 총 수출 금액은 620조 원(자율주행차, AI, 수소, 스마트시티 제외)이며 수
입액은 290조 원으로 무역수지 330조 원을 남기고 있다.

한국의 MoT 산업의 국제 경쟁력은 IT와 스마트시티 분야는 세
계 1위, 반도체 2위로 상위권에 위치하고 있는 분야들이다. 반면 한
국이 가장 도태된 시장은 드론과 ADAS 센서 분야로 나타난다.

대분류	하드웨어			부품		신에너지		인프라
소분류	자율 주행차	로봇	드론	ADAS 센서	반도체	2차 전지	수소	스마트시티
시장 규모	• 자율주행차: 1,509억 원 • 로봇: 5조 6,000억 원 • 드론: 8,406억 원			• ADAS: 1.7조 원 • 반도체: 142조 원		• 2차 전지: 23조 3,000억 원 • 수소: 11조 원		스마트시티: 151조 원
연평균 성장률	• 자율주행차: 40% • 로봇: 2.5% • 드론: 1.7%			• ADAS: 13.6% • 반도체: 19.3%		• 2차 전지: 20% • 수소: 21%		스마트시티: 29.3%
세계 시장 점유율	• 자율주행차: 0.7% • 로봇: 5.8% • 드론: 2.8%			• ADAS: 4.7% • 반도체: 18%		• 2차 전지: 14.3% • 수소: 3.8%		스마트시티: 16.7%
사업체 수	• 자율주행차: 85개 사 • 로봇: 2,500개 사 • 드론: 4,994개 사			• ADAS: 14개 사 • 반도체: 1,124개 사		• 2차 전지: 159개 사 • 수소: 74개 사		스마트시티: 675개 사
종사 인력	• 자율주행차: 15만 명 • 로봇: 31,387명 • 드론: 16,753명			• ADAS: 46,911명 • 반도체: 167,794명		• 2차 전지: 21,722명 • 수소: 30,755명		스마트시티: 7,359명
수출	• 자율주행차: - • 로봇: 1조 3,575억 원 • 드론: 15억 원			• ADAS: 5,800억 원 • 반도체: 190조 원		• 2차 전지: 94조 원 • 수소: 수소차 266대		스마트시티: 21개국, 54개 사업
수입	• 자율주행차: - • 로봇: 8,886억 원 • 드론: 570억 원			• ADAS: 6,600억 원 • 반도체: 76조 원		• 2차 전지: 6조 2,460억 원 • 수소: 없음		스마트시티: 없음
세계 순위	• 자율주행차: 7위 • 로봇: 5위 • 드론: 12위			• ADAS: 순위 밖 특허 2위 • 반도체: 2위		• 2차 전지: LG 2위, SK 4위, 삼성 5위 • 수소: 86/100점		스마트시티: 1위

▲ MoT 시장규모 요약

대분류	하드웨어			부품		신에너지		인프라
소분류	자율 주행차	로봇	드론	ADAS 센서	반도체	2차 전지	수소	스마트시티
세계 시장규모	총 1.6경							
국내 시장규모	총 905조 원							
연평균 성장률	평균 17.5%							
세계 시장 점유율	평균 7%							
사업체 수	총 59,529							
종사인력	총 1,374,449명							
수출	총 620조 원(자율주행차, 수소, 스마트시티 제외)							
수입	총 290조 원(자율주행차, 수소, 스마트시티 제외)							

세계
순위
	• 자율주행차: 7위
	• 로봇: 5위
	• 드론: 12위
				• ADAS: 순위 밖
				  특허 2위
				• 반도체: 2위
						• 2차 전지:
						  LG 2위, SK 4위,
						  삼성 5위
						• 수소: 86/100점
								스마트시티:
								1위

▲ MoT 평균 시장규모 요약

드론 분야는 미·중이 각기 다른 전략으로 양국전을 펼치고 있는데 중국은 박리다매 전략으로 상업용 드론 시장에 주력하고 있으며 미국은 고급화 전략으로 군용 드론 등 특수 목적 시장에 주력하고 있다.

한국의 드론 시장은 중국 시장에 많이 의존하고 있는 형국이며 현재는 시장 차별화를 위하여 한국은 공공 특화된 고기능 드론을 개발하는 방향으로 나아가고 있다.

MoT 분야들 중 한국의 국가적 종합적 순위는 낮아도 기업의 독립적인 순위가 높은 분야들이 있다. 예를 들어 한국의 반도체 산업은 전 세계 2위이지만 매출면으로만 봤을 때는 삼성의 메모리 칩 시장 점유율로 인해 전 세계 1위의 자리를 점하고 있다. 마찬가지로 한국의 IoT 산업은 전 세계 12위이지만 삼성은 세계 기업들 중 8위로 평가된다(2020 Public companies IoT Market Visibility Performance Rankings). 또한 2차 전지 세계 시장의 매출 순위 중 2위에 LG, 4위에 SK온 그리고 삼성이 5위로 한국의 3사가 나란히 5위권 안에 머물며 세계 2차 전지 시장 28.6%를 점하고 있다.

하지만 2차 전지 산업에서는 중국이 압도적인 1위로 전 세계 시장 32.7%로 K 배터리 3사를 합친 것보다 더 많은 시장 점유율을 차지하고 있다. 수소 분야 같은 경우 266대라는 작은 수의 수소차 수출을 기록했지만 이는 세계 시장 점유율 58%나 차지하며 그린 수소 생산 부분에서는 약진하지만 수소 활용 부분에서 한국의 기술력이 세계적으로 인정받고 있다.

ADAS 센서 분야 같은 경우 한국은 순위 밖에 있지만 현대모비스는 ADAS 시장의 소수의 글로벌 플레이어 기업이며 한국의 스타트업 오토노머스 a2z는 전 세계 ADAS 기업 13위에 오르는 기염을 토했다.

TAM	1.6경(100%)
SAM	1,600조(10%)
SOM	16조(1%)

▲ MoT 글로벌 쇼 MICE 플랫폼

분석해본 MoT 산업을 구성하고 있는 11개 산업들의 시장 규모를 바탕으로 TAM(전체 시장), SAM(유효 시장), SOM(수익 시장)을 분석해 보면 전체 시장의 10%의 규모인 1,600조 시장이 MoT 글로벌 쇼의 유효 시장으로 MoT 글로벌 쇼의 비즈니스 모델을 실질적으로 적용할 수 있는 시장으로 보고 있다.

MoT 글로벌 쇼의 수익 시장은 전 세계 11개의 MoT 산업들을 대표하는 국내외 대기업, 벤처, 스타트업을 포함한 상위 1%의 고객들을 MICE 플랫폼으로 유입하는 데 주력하므로 갖고 올 수 있는 시장으로 분석된다.

MICE 플랫폼의 최고 강점은 자국시장의 역량에 제한되지 않고 세계 시장의 성장률을 흡수할 수 있다는 점이다. 한국이 미약한 시장들(드론, ADAS 센서)이 있더라도 타 국가들이 강세하고 있다면 자국의 MICE 플랫폼을 통한 교류의 장을 통하여 볼거리를 제공할 수 있는 시장 구조와 한국의 무역 증진과 산업 육성에 도움이 된다. 반대로 한국이 강세하는 시장들(IT, 스마트시티, 반도체 등)을 세계적으로 홍보하며 수출하는 무대를 제공하여 자국의 GDP 기여와 일자리 창출을 높일 것이다. 이러한 MICE 플랫폼의 교두보적인 역할은 한 분야를 대표하는 키 플레이어 기업을 키우는 데 사용하는 에너지와 투자보다 더 짧은 시간 안에 고부가가치를 창출하는 효율성을 보장하는 사업이다. MoT 산업이 성장하는 한 MoT 글로벌 쇼 MICE 플랫폼도 동반성장할 것이고 장기적으로는 개인의 플레이어보다 중개 서비스를 제공함으로써 더 많은 수익을 가져가는 비즈니스 구조이다.

앞서 살펴보았듯 MoT 산업은 인류의 생존을 위한 탄소중립이라는 환경 의제로 인한 선택이 아닌 의무적인 모빌리티 산업의 혁명이다. 이미 엎질러져 버린 기후 위기라는 과제를 풀기 위한 대책 모색이 기존 도로 위의 90%의 이단들을 없앨 자율주행 기반 MaaS 모빌리티의 혁명으로 이어지고 있는 것이다.

미래에는 사람이 사물을 움직이지 않고 사물이 사람 주위를 움직일 것이라는 현대차의 메타모빌리티 비전처럼 운전자가 이동수단을 운전하는 것보다 이동 수단이 스스로 움직이는 것이 더 효율적인 기술 성숙도를 이룰 때 사람들은 차량을 소유하지 않고 공유할 것이고 기존의 모빌리티 제조업들은 문을 닫고 우버와 같은 모빌리티 플랫폼 비즈니스는 마지막 승자가 될 것이다.

같은 맥락에서 한국은 모빌리티의 미래를 내다보고 MoT를 주제로 하는 MICE 플랫폼 사업에 눈을 돌려야 한다. MaaS의 시대가 오면 기존의 모빌리티 산업에서의 제조업은 가까운 미래에 유효기간이

다할 것이다. 반면 MoT 글로벌 쇼는 미래 모빌리티 산업의 통합 전시회로서 MoT 산업이 존재하는 한 유효 기간이 없다. MoT는 탄소 중립의 핵심 대책이며 인류의 미래이다.

Foreign Copyright:
Joonwon Lee   Mobile: 82-10-4624-6629

Address: 3F, 127, Yanghwa-ro, Mapo-gu, Seoul, Republic of Korea
        3rd Floor
Telephone: 82-2-3142-4151
E-mail: jwlee@cyber.co.kr

사물이동성
Mobility of Things

2024. 6. 5. 초 판 1쇄 인쇄
2024. 6. 12. 초 판 1쇄 발행

지은이 | DAVID 옥
펴낸이 | 이종춘
펴낸곳 | BM (주)도서출판 **성안당**
주소 | 04032 서울시 마포구 양화로 127 첨단빌딩 3층(출판기획 R&D 센터)
      10881 경기도 파주시 문발로 112 파주 출판 문화도시(제작 및 물류)
전화 | 02) 3142-0036
      031) 950-6300
팩스 | 031) 955-0510
등록 | 1973. 2. 1. 제406-2005-000046호
출판사 홈페이지 | www.cyber.co.kr
ISBN | 978-89-315-8630-1 (03320)
정가 | 20,000원

이 책을 만든 사람들
책임 | 최옥현
진행 | 김해영
교정·교열 | 김해영
본문 디자인 | 임흥순, 이다혜
표지 디자인 | 박현정
홍보 | 김계향, 임진성, 김주승
국제부 | 이선민, 조혜란
마케팅 | 구본철, 차정욱, 오영일, 나진호, 강호묵
마케팅 지원 | 장상범
제작 | 김유석

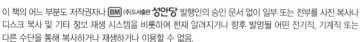

■ 도서 A/S 안내

성안당에서 발행하는 모든 도서는 저자와 출판사, 그리고 독자가 함께 만들어 나갑니다.
좋은 책을 펴내기 위해 많은 노력을 기울이고 있습니다. 혹시라도 내용상의 오류나 오탈자 등이
발견되면 **"좋은 책은 나라의 보배"**로서 우리 모두가 함께 만들어 간다는 마음으로 연락주시기
바랍니다. 수정 보완하여 더 나은 책이 되도록 최선을 다하겠습니다.
성안당은 늘 독자 여러분들의 소중한 의견을 기다리고 있습니다. 좋은 의견을 보내주시는 분께는
성안당 쇼핑몰의 포인트(3,000포인트)를 적립해 드립니다.
잘못 만들어진 책이나 부록 등이 파손된 경우에는 교환해 드립니다.